# 梵字・悉曇

增修版

## 目錄

# 第一章

# 梵字悉曇簡介

## 何謂梵字

梵字，是一種古老的印度文字，是用來表記梵語(Sanskrit)的字體。它是西元前三世紀左右發展於印度的文字。

在古印度的文字中，多是用一些象形文字。經過很長時間之後，出現於印度的文字，是在西元前三世紀阿育王的時代。此時所出現的文字有佉盧虱底(Kharosthi)及梵書／婆羅謎(Brahmi)兩種。

- **佉盧虱底(Kharosthi)字**

  首先出現的是在西元前四世紀左右的佉盧虱底字。佉盧虱底文字是由右向左書寫的，是現時所知印度雅利安(Indo-Aryan)人所使用的最早文字。但是佉盧虱底字在印度不久就失去傳承，繼而消失了。

- **梵書／婆羅謎(Brahmi)字**

  之後就是西元前三世紀開始使用的梵書／婆羅謎(Brahmi)字。它的字形是由左向右書寫的。

「婆羅謎」是指來自梵天(Brahmin，Brahmi)。古代印度人相信，這些文字是由婆羅門教的創造神婆羅門(Brahman)所造，因此取名為婆羅謎，也稱為梵書，是印度諸國所有文字的根源。以上的字形最古的資料應該是著名的「阿育王碑文」。

而「梵字」，在漢文資料中，一直沒有明確的定義。它們可是整個印度文字之總稱，有時卻只指梵書，梵天之書。

## 何謂悉曇

「悉曇」一詞，與梵字相同，在現存的資料裡定義也不明確。狹義的可指梵語的母音字母，也可指所有五十一個梵語字母。更廣的可指所有與這種字形有關的文字學問，及與它有關的佛教修行也包括在內。

悉曇，簡單的可分為二種用法。第一種為書體悉曇，即由梵書衍生的梵字，第二種為語義悉曇，即含有某一意義的語言。

## • 書體悉曇(Siddham)

悉曇，是指西元六至九世紀間，以北印度為中心而流行、發展的書體，即指悉曇字母(Siddha matrka)一般稱為悉曇。

悉曇，是由西元四世紀印度笈多王朝時代的笈多型(Gupta-type)文字發展出來的。它由印度經陸路及水路傳入中國、韓國及日本。傳至日本的梵字，是以此悉曇字母型為基本。目前較廣為人知的古代資料便是日本法隆寺所收藏的貝葉梵本。

推古十六年，即中國隋煬帝大業四年（西元608年），推古天皇派遣隋使小野妹子、留學生及學問僧，赴中國。推古十八年（西元610年）左右，小野妹子在隋帶回的眾多資料中，有兩頁書寫在貝葉上的悉曇字經咒，被存放在法隆寺內。該兩貝葉每頁有七行悉曇字，第一頁的全頁及第二頁第一行是《心經》略本；第二頁第二行至第六行為「佛頂尊勝陀羅尼」；第七行為「悉曇五十一字母」，此字母表也可能是目前世界上最古老的悉曇字母梵寫本。

在印度長久的文字發展歷史過程中，悉曇雖發展自梵書，但其直接的成因，應是笈多型文字。

## • 語義悉曇

悉曇，是印度歷史上流行的書體之一，但在語義而言，它更具有成就及完成的意義。成就、完成，是指它本身可單獨發音的文字，是具有母音的文字。

「悉曇」此語，在語義這方面，也有着種種不一樣的解釋。

唐朝時智廣撰的《悉曇字記》[1]中，關於悉曇有以下的說明：「其始曰悉曇。而韻有六。長短兩分。字十有二。將冠下章之首。對聲呼而發韻。聲合韻而字生焉。即𑖀阿上聲短呼𑖀阿平聲長呼等是也」。以其內容即說，悉曇，可指摩多（母音）十二韻。另一方面，《悉曇字記》也說明，體文（子音）的三十五個字皆含母音「阿」，其自己本身也可單獨發音。因此，摩多與體文，可合稱為「悉曇」。此外在《悉曇字記》另有相當題目的「娜麼娑囉縛社若也悉曇」（Namah Sarva-jinaya Siddham 歸依一切智者，成就）在開始。之後才說明摩多、體文和十八章切繼。從此題目可以看出，「悉曇」可附在摩多、體文和十八章切繼之前，作為歸敬文之用。

1 大正新脩大藏經第54冊，NO.2132

而在《法隆寺貝葉梵本》，世界上最古的悉曇資料，之後段之末，列出悉曇字母五十一字。字母的最初係以梵字寫上 Siddham，其後配五十一個字母。根據此一用法，悉曇也可稱是字母的總稱。

再者在弘法大師空海之《梵字悉曇字母并釋義》[2] 中，有「悉曇囉窣睹」（Siddham rastu，正確地說是 Siddhirastu）的用法，解釋：「右四字題目，梵云悉曇囉窣睹，唐云成就吉祥章」。義淨三藏的《南海寄歸內法傳》[3] 也有記載，古代印度用來讓幼童學習字母表、綴字法（書寫法則）的習字帖前，都記有祈求學業成就的歸敬句「悉曇囉窣睹」。此句後來逐漸成為題目，附在字母和綴字法之前，成為祈求其文字成就吉祥之語。

總結以上，悉曇，是祈求祝福學業成就的語言，又是具有音韻組織的字母表及悉曇章等集合的通稱。而梵字是指一個個的文字，與悉曇未必同義。由此一看更與真言宗以下說法，是一脈相通的。在真言宗的口傳悉曇書法內，有以下的說法：「**不打命點的字只是梵字，而不是悉曇文字**」。

---

2 大正新脩大藏經第84冊，NO.2701

3 大正新脩大藏經第54冊，NO.2125

# 第二章

# 悉曇字母簡介

## 悉曇字母的類別及數目

悉曇字母可分成「摩多」與「體文」兩類。「摩多」是母音或韻母；而「體文」是子音或聲。除此之外，還有由母音簡略而成的「母音符號」。

有關於悉曇字母的總數，各家有著不同説法。最多是五十一個字母。如日本最古的「法隆寺貝葉」、唐代智廣著作《悉曇字記》和日本的《梵字大鑑》。這些書籍都主張十六個母音加三十五個字音，共五十一個字母。當然，也有些其他著作是主張十六個母音加三十四個字音，共五十字母，如唐代不空著作《瑜伽金剛頂經釋字母品》。主張十六個母音加三十三個字音，共四十九字母的有唐代義淨著作《南海寄歸內法傳》。為廣濶學習，本書採用《梵字大鑑》的建議，主張五十一字母。

## 悉曇字母表的構成及解說

本書之字母字數，是引用《梵字大鑑》主張的字母字數，即十六個母音「摩多」及三十五個子音「體文」，合共五十一個字母。

● **字母表解說：**

**悉曇文字**：悉曇文字在日本分別有三大流派：澄禪流、淨嚴流及慈雲流。

**異體字**：不同派別的字體、古時師承之傳承字體或由印度傳承的字體作為參考。

**摩多點**：代表摩多和別摩多的母音符號。

**半体上／下部**：當體（体）文需互相合併時使用。

**漢字音譯**：是引用《梵字悉曇字母并釋義》[4]之音譯。

**羅馬併音**：現代多使用之併音方法。

**日文讀法**（中天音）：中天音，是東密之相承

**日文讀法**（南天音）：南天音，是台密之相承

**發音種別**：由古代相承下來的發音類別。

**字義**：字義是採用《金剛頂經・釋字母品》[5]作為基本。除了第50字義不是從經典出來，是由代代相承的。

※本字母表參考種智院大學，《梵字大鑑》（1983），法藏館

4 大正新脩大藏經第84冊，NO．2701

5 大正新脩大藏經第18冊，NO．880

# 悉曇字母表

| 摩多 | | | | | | | | |
|---|---|---|---|---|---|---|---|---|
| 8 | 7 | 6 | 5 | 4 | 3 | 2 | 1 | 字號 |
|  |  |  |  |  |  |  |  | 悉曇文字 朴筆 |
|  |  |  |  |  |  |  |  | 悉曇文字 丸筆 |
| 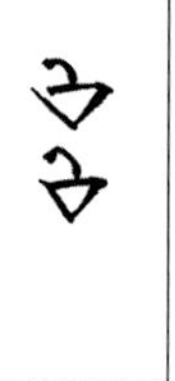 | 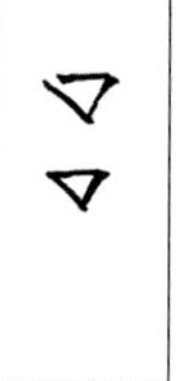 |  |  |  | 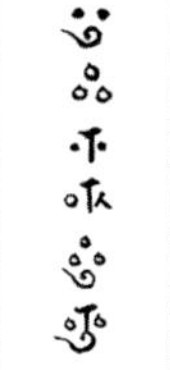 |  |  | 異体字 |
| 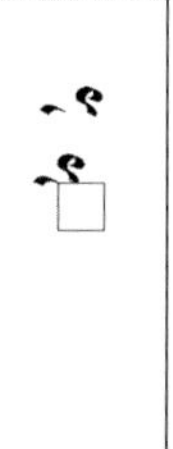 | 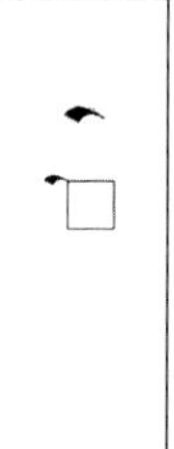 | 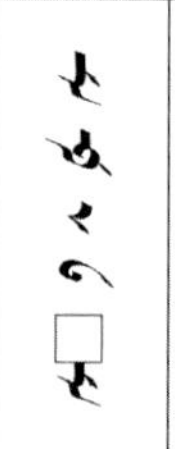 | 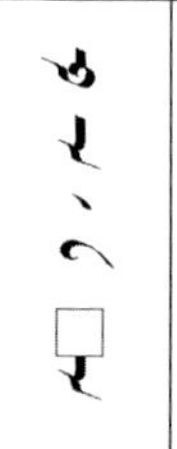 |  | 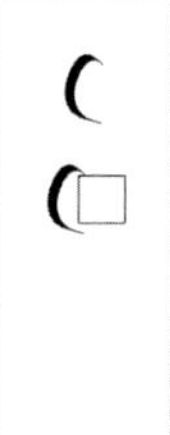 |  |  | 摩多點 |
| 愛 | 噎 | 污引 | 塢 | 伊引 | 伊 | 阿引 | 阿 | 漢字音譯 |
| ai | e | ū | u | ī | i | ā | a | 羅馬併音 |
| アイ | エー | ウー | ウ | イー | イ | アー | ア | 日文讀音 中天音 |
| エー | エ | ウー | ウ | イー | イ | アー | ア | 日文讀音 南天音 |
| 同 | 以下四字複母音 喉、顎音 | 同 | 唇音 | 同 | 顎音 | 同 | 以下六字單母音 喉音 | 發音種別 |
| 一切法自在不可得故 | 一切法求不可得故 | 一切法損減不可得故 | 一切法譬喻不可得故 | 一切法災禍不可得故 | 一切法根不可得故 | 一切法寂静故 | 一切法本不生故 | 字義 |

| 別摩多 | | | | 摩多 | | | | |
|---|---|---|---|---|---|---|---|---|
| 16 | 15 | 14 | 13 | 12 | 11 | 10 | 9 | 字號 |
|  |  |  |  |  |  |  |  | 悉曇文字朴筆 |
|  |  |  |  |  |  |  |  | 悉曇文字丸筆 |
|  |  | 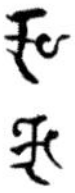 |  |  |  |  |  | 異体字 |
| | |  |  |  |  |  |  | 摩多點 |
| 嚧 | 呂 | 哩引 | 哩 | 悪 | 闇 | 奥 | 污 | 漢字音譯 |
| ḹ | ḷ | ṝ | ṛ | aḥ | aṃ | au | o | 羅馬併音 |
| リョー | リヨ | リー | リ | アク | アン | アウ | オー | 日文讀音中天音 |
| リ | リ | キリ | キリ | アク | アン | オー | オ | 日文讀音南天音 |
| | | | 以下四字流滑母音 | 止聲 | 隨韻 | 同 | 喉、唇 | 發音種別 |
| 一切法沈没不可得故 | 一切法染不可得故 | 一切法類例不可得故 | 一切法神通不可得故 | 一切法遠離不可得故 | 一切法邊際不可得故 | 一切法化生不可得故 | 一切法瀑流不可得故 | 字義 |

| 體文 | | | | | | | | |
|---|---|---|---|---|---|---|---|---|
| 24 | 23 | 22 | 21 | 20 | 19 | 18 | 17 | 字號 |
|   |  |  |  |  |  |  |  | 悉曇文字朴筆 |
| 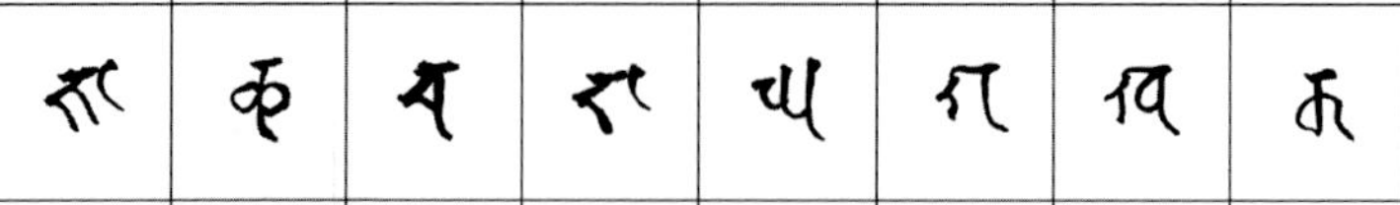  |  |  |  |  |  |  |  | 悉曇文字丸筆 |
|   |  | |  |  |  |  |  | 異体字 |
|   |  |  |  |  |  |  |  | 半体上部 |
|   |  |  |  |  |  |  |  | 半体下部 |
| 惹 | 磋 | 遮 | 仰 | 伽 | 誐 | 佉 | 迦 | 漢字音譯 |
| ja | cha | ca | ṅa | gha | ga | hka | ka | 羅馬併音 |
| ジヤ | シヤ | シヤ | ギヤウ | ギヤ | ギヤ | キヤ | キヤ | 日文讀音中天音 |
| ザ | サ | サ | ガ | ガ | ガ | カ | カ | 日文讀音南天音 |
| 濁、無 | 同、有 | 以下五字顎音 清、無 | 鼻音 | 同、有 | 濁、無 | 同、有 | 以下五字喉音 清、無 | 發音種別 |
| 一切法生不可得故 | 一切法影像不可得故 | 一切法離一切遷變故 | 一切法支分不可得故 | 一切法一合不可得故 | 一切法行不可得故 | 一切法等虛空不可得故 | 一切法離作業故 | 字義 |

## 體文

| 字號 | 悉曇文字 朴筆 | 悉曇文字 丸筆 | 異体字 | 半体上部 | 半体下部 | 漢字音譯 | 羅馬併音 | 日文讀音 中天音 | 日文讀音 南天音 | 發音種別 | 字義 |
|---|---|---|---|---|---|---|---|---|---|---|---|
| 25 |  |  |  |  |  | 酇 | jha | ジヤ | ザ | 同、有 | 一切法戰敵不可得故 |
| 26 |  |  |  |  |  | 孃 | ña | ジヤウ（ニヤウ） | ザ | 鼻音 | 一切法智不可得故 |
| 27 |  |  |  |  |  | 吒 | ṭa | タ | タ | 以下五字舌音 清、無 | 一切法慢不可得故 |
| 28 |  |  |  |  |  | 咤 | ṭha | タ | タ | 同、有 | 一切法長養不可得故 |
| 29 |  |  |  |  |  | 拏 | ḍa | ダ | ダ | 濁、無 | 一切法怨敵不可得故 |
| 30 |  |  | 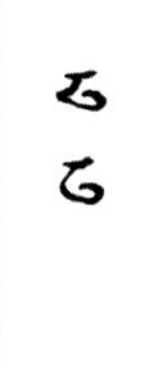 |  |  | 荼 | ḍha | ダ | ダ | 同、有 | 一切法執持不可得故 |
| 31 |  | 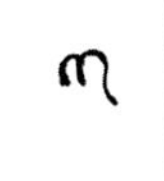 | 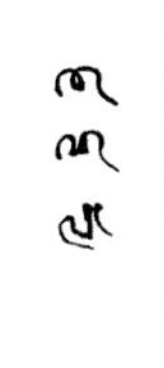 |  |  | 拏 | ṇa | ダウ | ダ | 鼻音 | 一切法諍不可得故 |
| 32 |  |  |  |  |  | 多 | ta | タ | タ | 以下五字齒音 清、無 | 一切法如如不可得故 |

| 體文 | | | | | | | | |
|---|---|---|---|---|---|---|---|---|
| 字號 | 33 | 34 | 35 | 36 | 37 | 38 | 39 | 40 |
| 悉曇文字朴筆 |  |  |  |  |  |  |  |  |
| 悉曇文字丸筆 |  |  |  |  |  |  |  |  |
| 異体字 |  | | |  | | | |  |
| 半体上部 |  |  |  |  |  |  |  |  |
| 半体下部 |  |  |  |  |  |  |  |  |
| 漢字音譯 | 他 | 娜 | 馱 | 曩 | 跛 | 頗 | 麼 | 婆 |
| 羅馬併音 | tha | da | dha | na | pa | pha | ba | bha |
| 日文讀音中天音 | タ | ダ | ダ | ナウ | ハ | ハ | バ | バ |
| 日文讀音南天音 | タ | ダ | ダ | ナ | ハ | ハ | バ | バ |
| 發音種別 | 同、有 | 濁、無 | 同、有 | 鼻音 | 以下五字唇音 清、無 | 同、有 | 濁、無 | 同、有 |
| 字義 | 一切法住處不可得故 | 一切法施不可得故 | 一切法界不可得故 | 一切法名不可得故 | 一切法第一義諦不可得故 | 一切法不堅如聚沫故 | 一切法縛不可得故 | 一切法有不可得故 |

| 體文 | | | | | | | | |
|---|---|---|---|---|---|---|---|---|
| 字號 | 41 | 42 | 43 | 44 | 45 | 46 | 47 | 48 |
| 悉曇文字朴筆 | 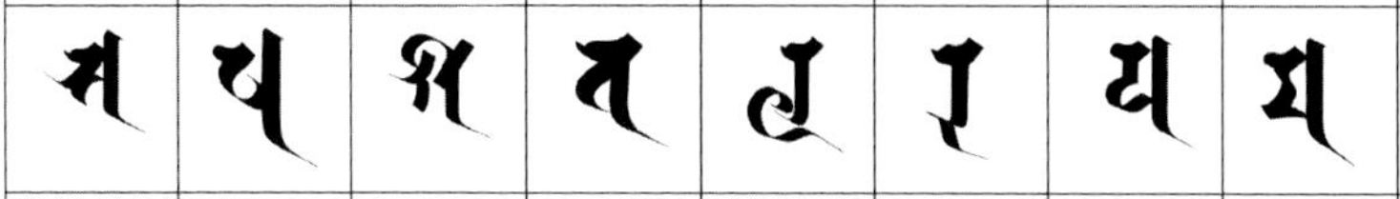 | | | | | | | |
| 悉曇文字丸筆 | 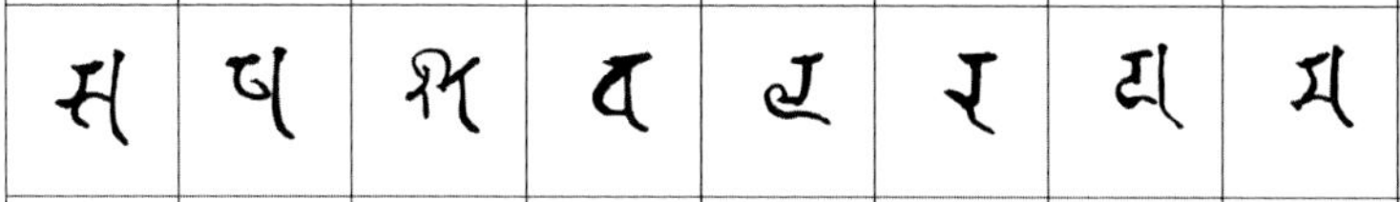 | | | | | | | |
| 異体字 | 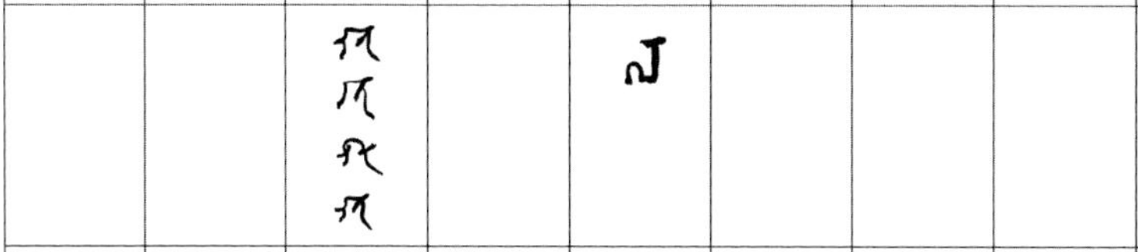 | | | | | | | |
| 半体上部 | 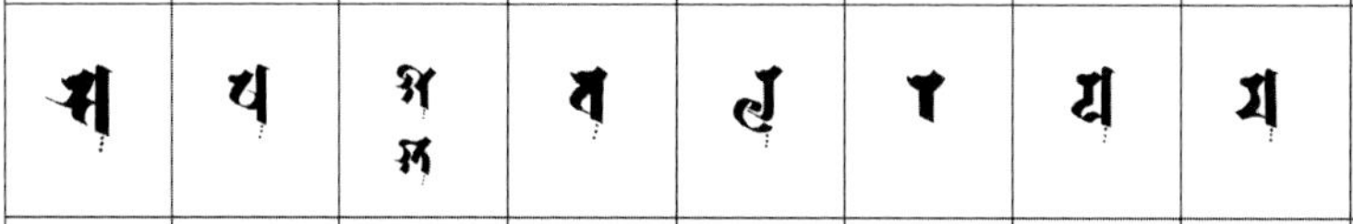 | | | | | | | |
| 半体下部 | 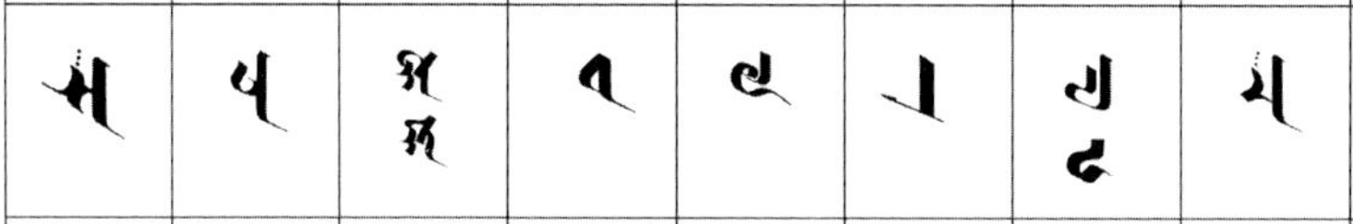 | | | | | | | |
| 漢字音譯 | 莽 | 野 | 囉 | 邏 | 嚩 | 捨 | 灑 | 娑 |
| 羅馬併音 | ma | ya | ra | la | va | śa | ṣa | sa |
| 日文讀音中天音 | マウ | ヤ | ラ（アラ） | ラ | バ | シャ | シャ | サ |
| 日文讀音南天音 | マ | ヤ | ラ | ラ | バ | シャ | シャ | サ |
| 發音種別 | 鼻音以上五組二十五字五類聲 | 以下八字遍口聲 以下四字半母音 | | | | 以下三字隔舌音 | | |
| 字義 | 一切法吾我不可得故 | 一切法乘不可得故 | 一切法離諸塵染故 | 一切法相不可得故 | 一切法語言道斷故 | 一切法本性寂故 | 一切法性鈍故 | 一切法一切諦不可得故 |

| 體文 | | | |
|---|---|---|---|
| 字號 | 49 | 50 | 51 |
| 悉曇文字朴筆 |  |  |  |
| 悉曇文字丸筆 |  |  |  |
| 異体字 | |  | |
| 半体上部 |  | |  |
| 半体下部 |  | |  |
| 漢字音譯 | 賀 | 濫 | 乞灑 |
| 羅馬併音 | ha | llaṃ | kṣa |
| 日文讀音中天音 | カ | ラン | キシャ |
| 日文讀音南天音 | カ | ラン | サ |
| 發音種別 | | 同体重 | 異体重 |
| 字義 | 一切法因不可得故 | （都除） | 一切法盡不可得故 |

## 悉曇字母書寫筆順

阿　ア

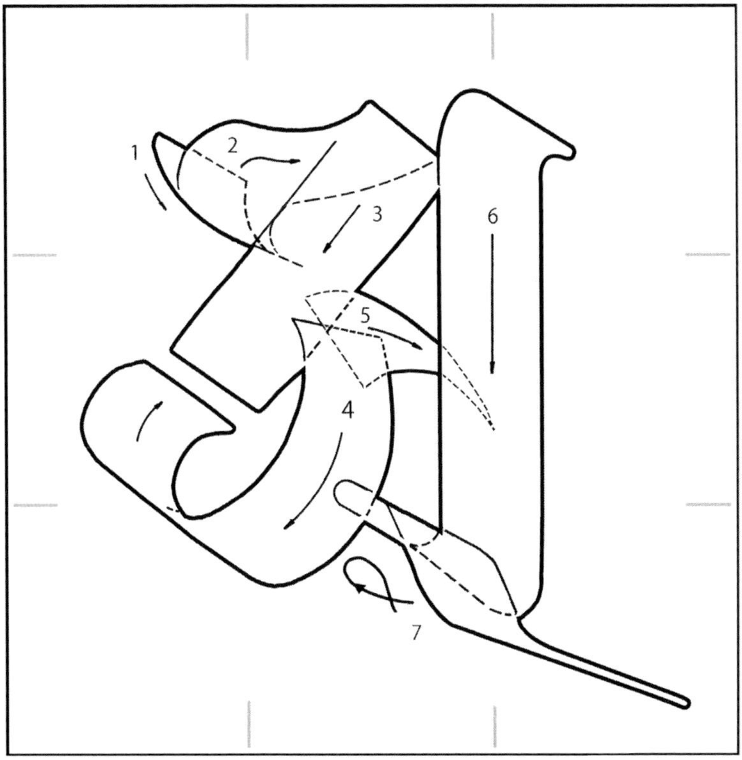

阿

一切法本不生故

阿字者是一切法教之本。凡最初開口之音。皆有阿聲。若離阿聲。則無一切言說。故為眾聲之母。又為衆字之根本。又一切諸法本不生義。內外諸教皆從此字而出生也。

阿引 アー

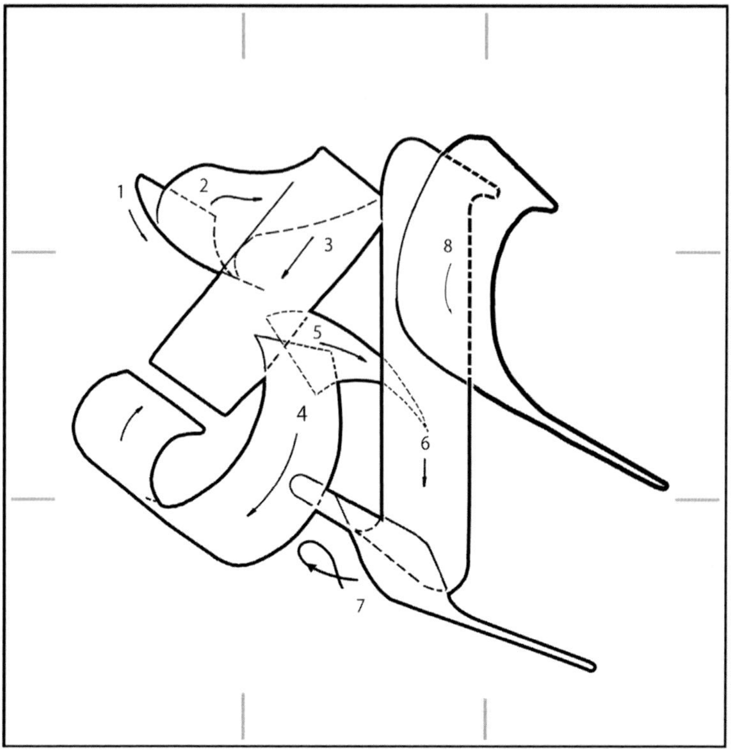

阿引

一切法寂靜故

大疏第十四曰若見長阿字當知修如來行又十曰阿長是第二聲即是空義以本不生故同於虛空也又曰長聲等二字是金剛三昧明覺曰翻梵語阿練若此云寂靜故云爾也。

解曰此𑖁字則本不生𑖀字加於一點即是不生之行又三昧也入本不生三昧則諸行悉不生故不行而行故曰寂靜

伊 イ

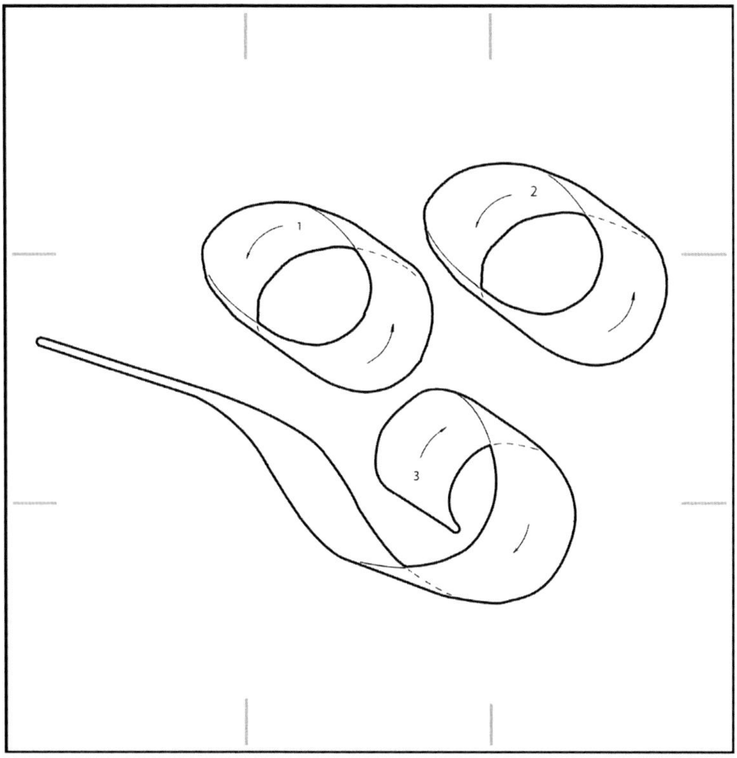

伊

一切法根本不可得故

解曰𑖂是舌內聲舌是諸音之根也

𑖂屬行位大悲萬行為根等宜思焉

伊引 イー

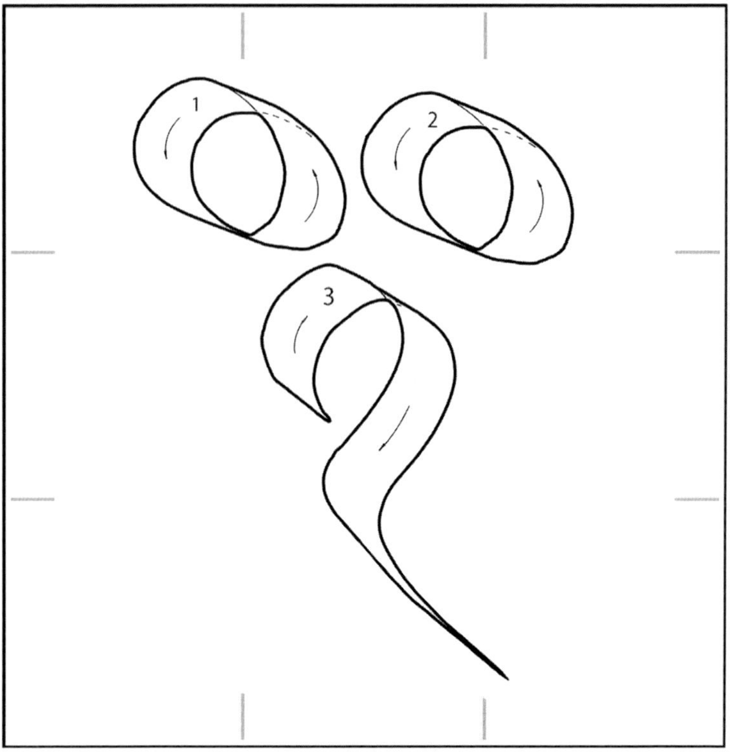

伊引

一切法災禍不可得故

解曰諸法展轉生則必成災禍若入阿字門悟生而不生則即災禍吉祥功德是災禍不可得義也

塢 ウ

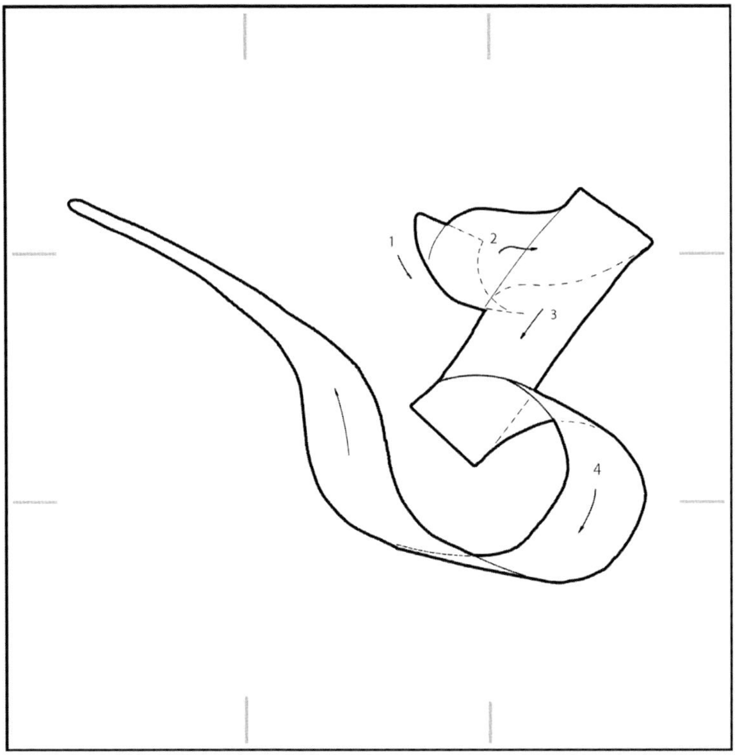

塢

一切法譬喻不可得故

解曰諸法已生起則因果善惡相待而立若有彼此相待則可譬類是名譬喻若入𑖄字門悟則因果善惡悉是不生是名譬喻不可得義也

## 污 引 ウー

污 引

一切法損減不可得故

解曰纔有損減即有増益増益損減是相對法於平等法増益有常等見損減無斷等見即是誹謗無慧正念又増益損減我見説無我法是斷誹謗也若入阿字門増益損減直是本有平等之法也是損減不可得義也

## 噎 エー

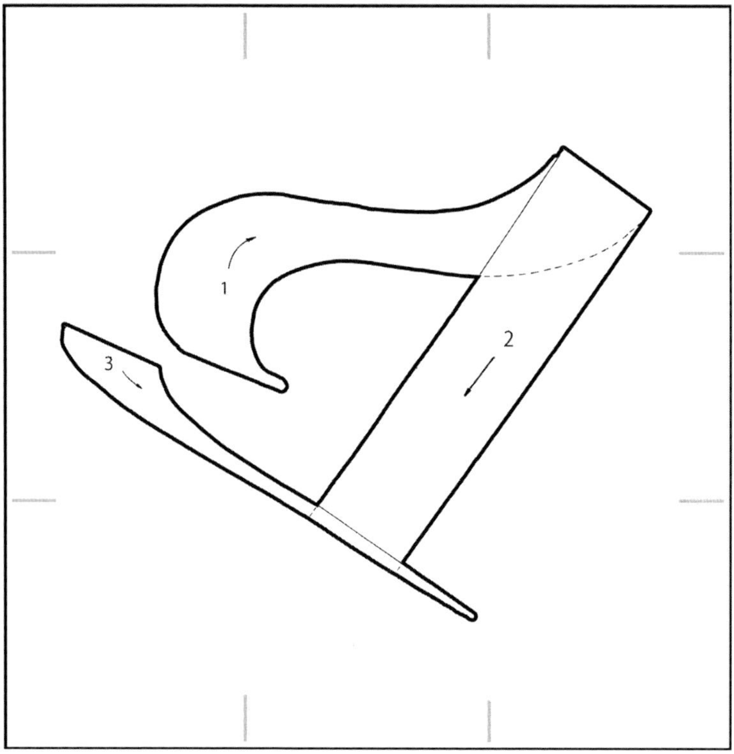

噎

一切法求不可得故

解曰凡於諸法起我我所增益損減是有所求有所求則為大過患入阿字門能求心所求法本來不生是求不可得義也

## 愛　アイ

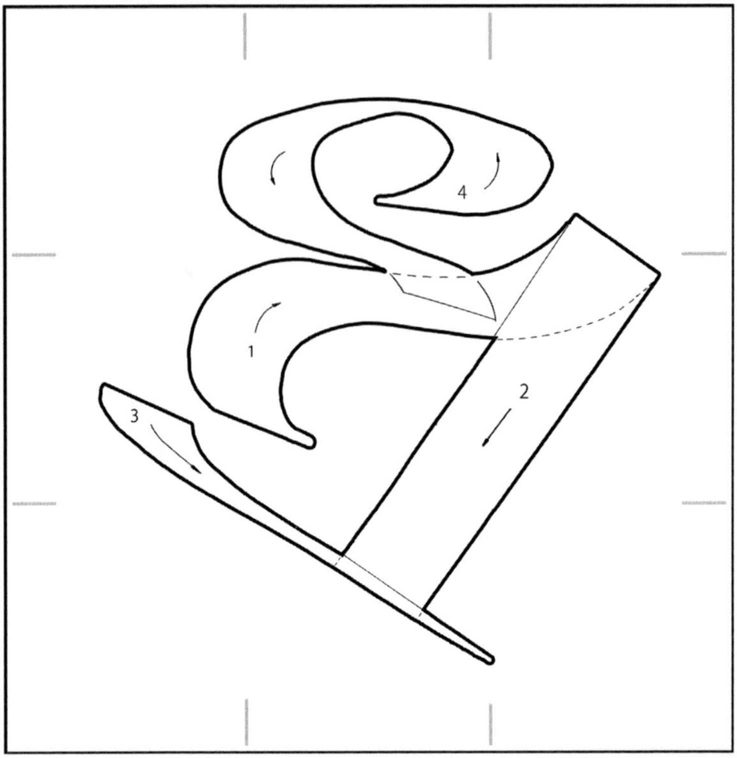

愛

一切法自在不可得故

解曰凡有求得於所得法得自在矣若入
阿字無得無不得是自在不可得義也

## 污 オー

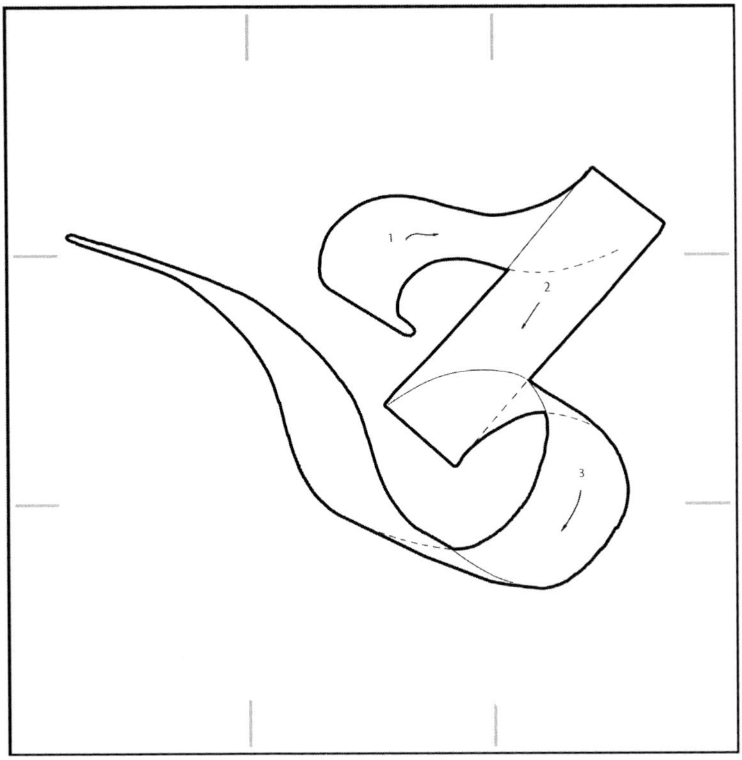

污

一切法瀑流不可得故

解曰諸法生則必滅猶如瀑流水剎那無停時見生滅是執見故曰執瀑流矣若入阿字門無流無不流無生無滅本來不生是瀑流不可得義也

## 奥　アウ

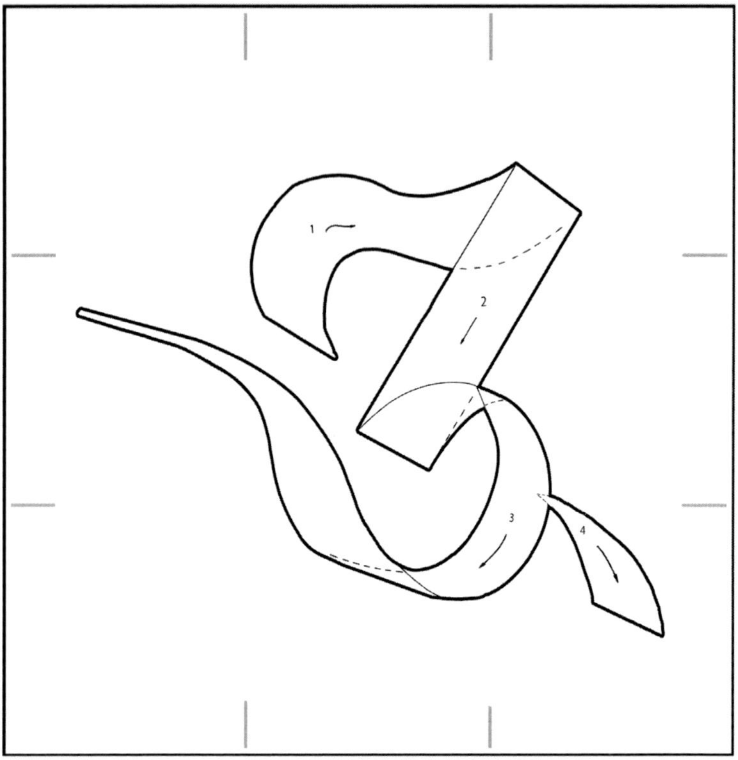

奥

一切法化生不可得故

解曰於本無生滅之法計生滅則是幻幻化之生即是化生若入阿字門即幻生而即無生是為化生不可得實義

## 闇　アン

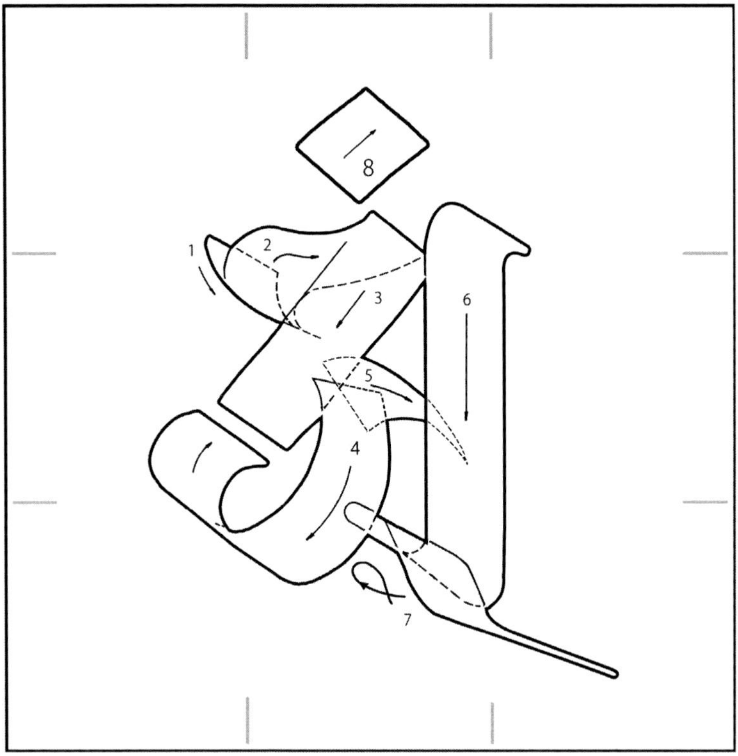

闇

一切法邊際不可得故

解曰菩提智是諸法畢竟至極邊際又若入阿字菩提智又非始起猶如猛風吹雲日光顯照亦非始生是邊際不可得實義也

悪　アク

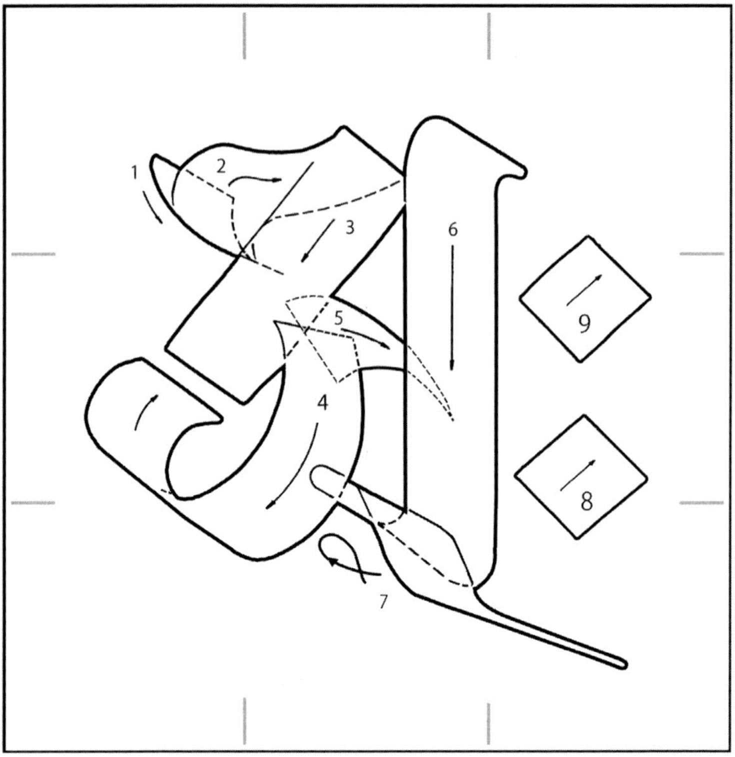


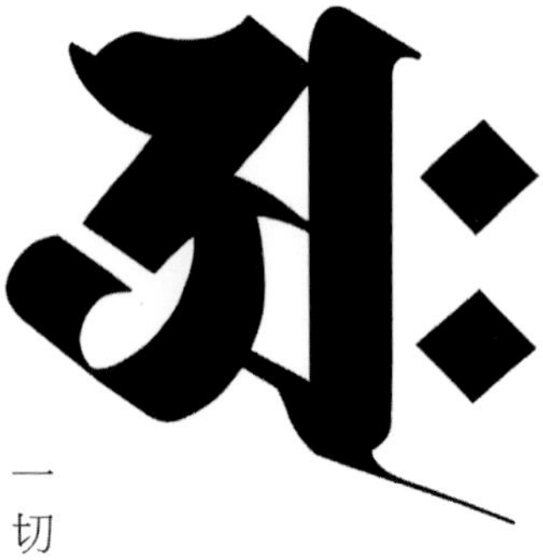

惡

一切法遠離不可得故

解曰遠離煩惱所知二障故證得二種涅槃故以二點表之若入阿字無應遠離之法煩惱生皆自家本來具德故即遠離而不離不離而遠離是為遠離不可得實義也

# 哩 り

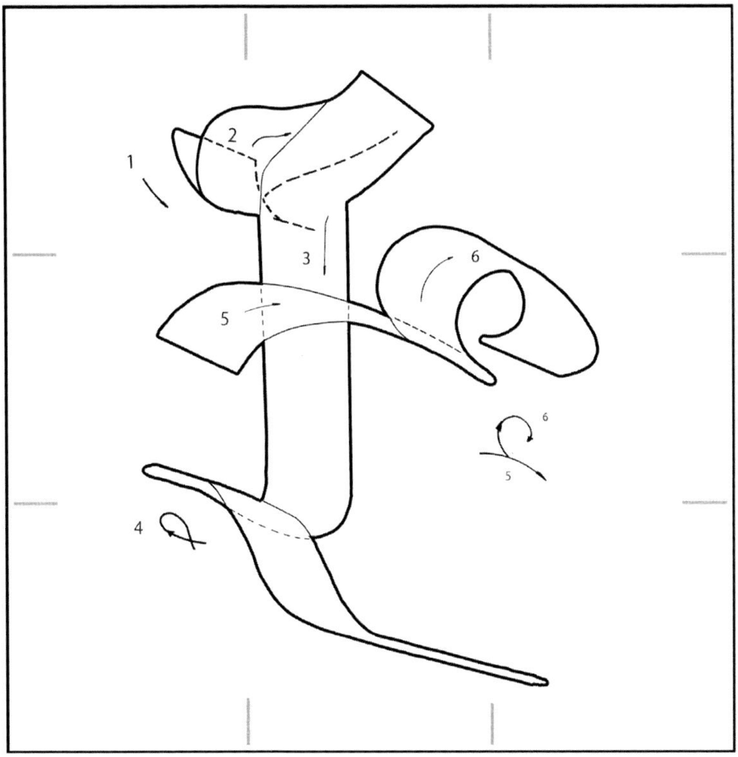

哩

一切法神通不可得故

解曰凡於諸法有自在義是則神通又有不測德是神通義若入阿字則自在與繫縛平等平等更無差別即能得於生死縛涅槃脱自在遊戲是名神變神通亦則是不可得也

哩引

リー

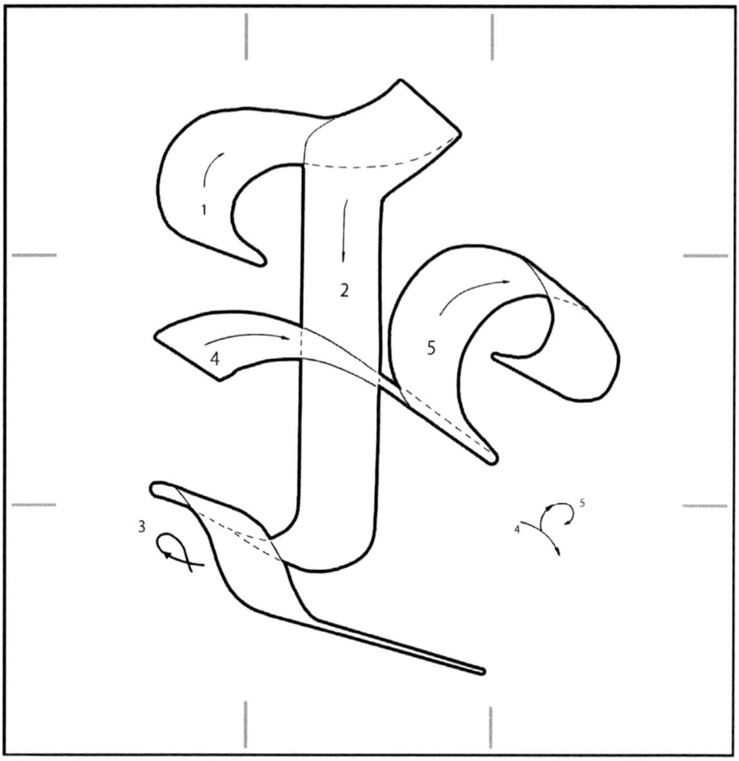

哩引

一切法類例不可得故

解曰諸法生起則有同類相例之義若入
阿字門諸法一槩本不生論何同異故即
類例平等一相是不可得實義也

唎 リヨ

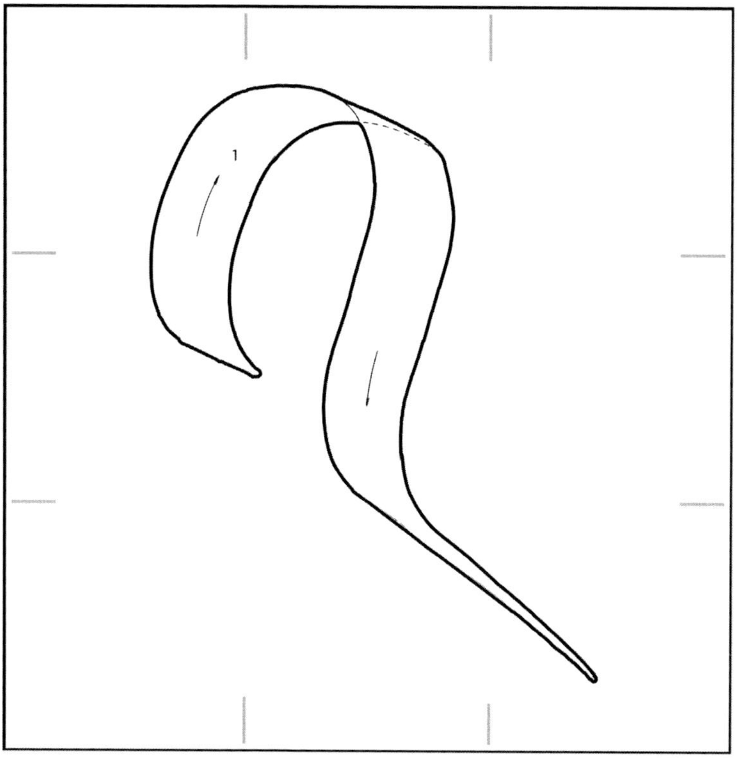

唎

一切法染不可得故

解曰諸法生起則有染相有不染相是名染若入阿字門則染淨悉不生故即染相能知不染是名染不可得義也

# 嚧

リヨー

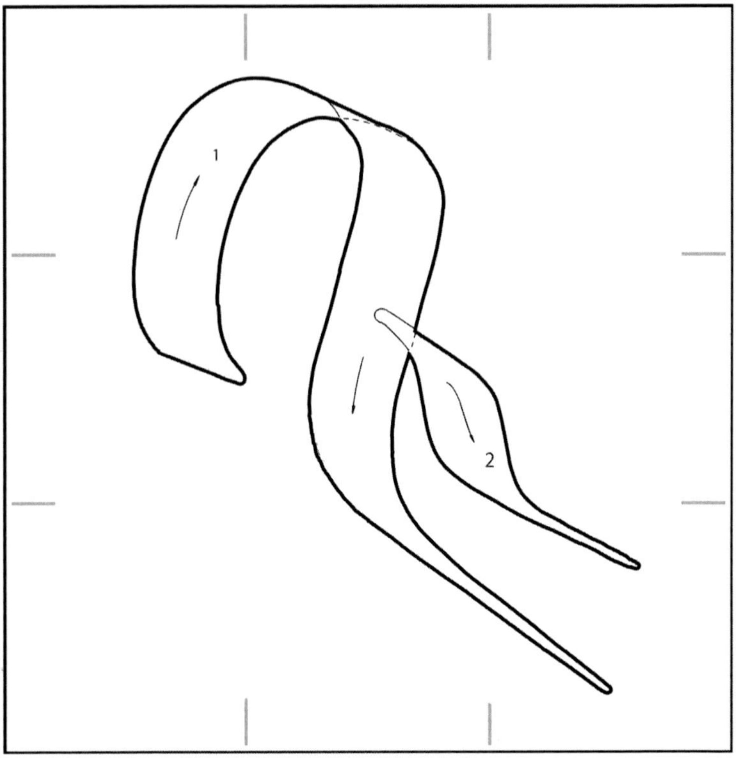

嚧

一切法沉沒不可得故

解曰纔有染相即能沉沒生死大海又有生死染有涅槃淨若入阿字門生死涅槃本是不生是名沉沒不可得實義

# 迦 キヤ

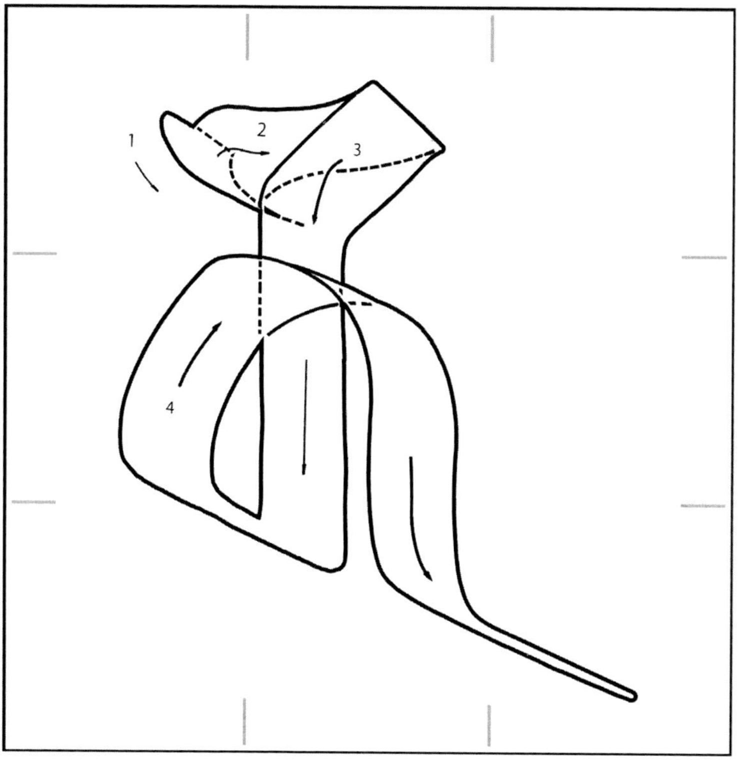


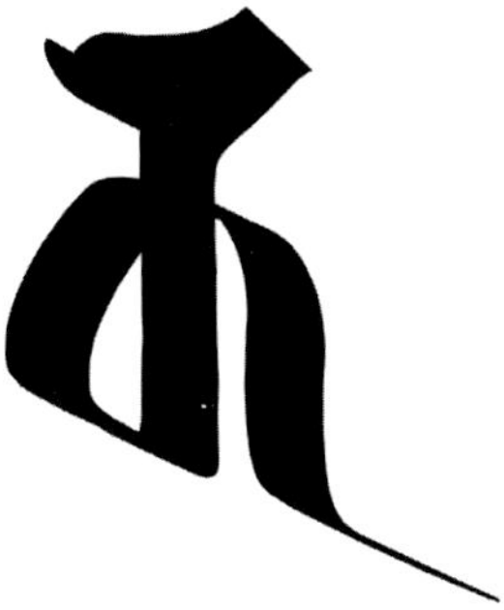

迦

一切法離作業故

大疏曰迦字門云一切諸法離作業故者。梵音迦哩耶是作業義如諸外道計有作者使作者等諸部論師亦說有作者有作者有所用作法。三事和合故。有果報。若因般若方便。謂有決定。即墮無因。若墮無因一切法即無因果。能生法名因所生法名果。是二法無故。作及作者。所用作法。罪福果報。及涅槃道。一切皆無。復次作作者相因得生。若定有作法。則當定有作者。是皆不異外道論議。

# 佉　キヤ

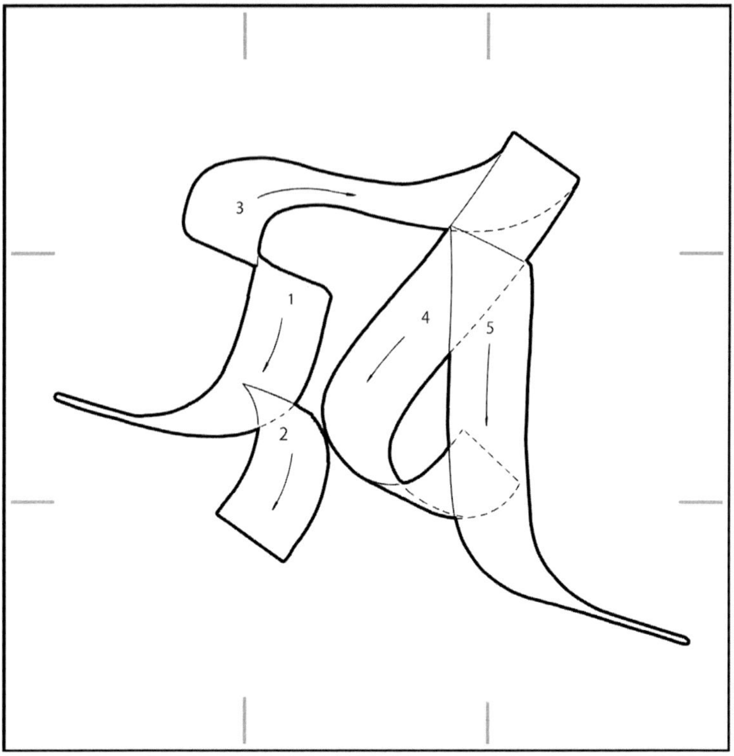

佉

一切法等虚空不可得故

大疏曰佉字門一切諸法等虚空不可得故者。梵音佉字是虚空義。世間共許虚空是無生無作法。若一切法本不生。離諸作是畢竟如虚空相。今此空相亦復不可得也。何以故。如世間無色處名虚空相。色是作法無常無住。若色未生未生。則無滅。爾時無虚空相。因色故。有無色處。無色處名空。

誐　ギヤ

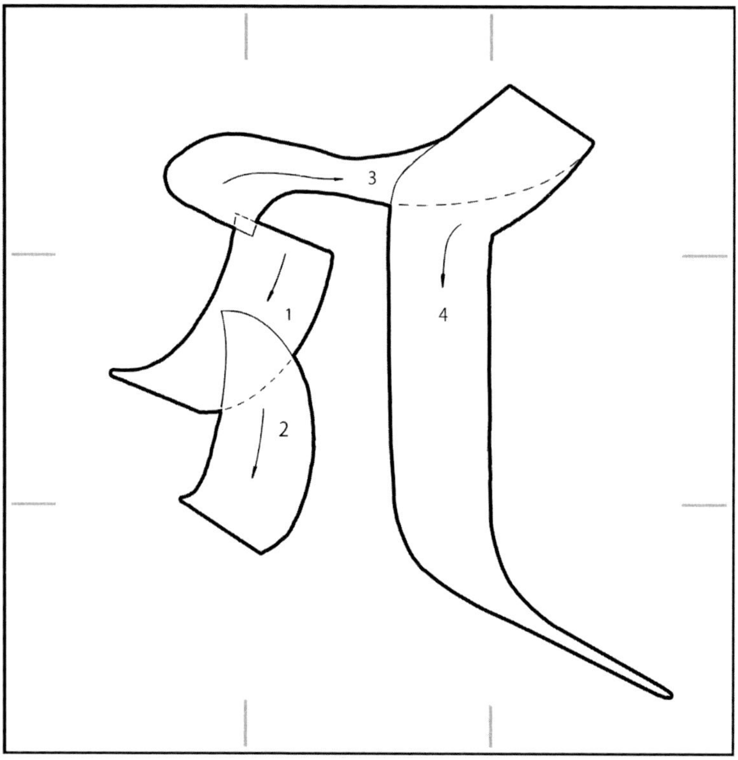


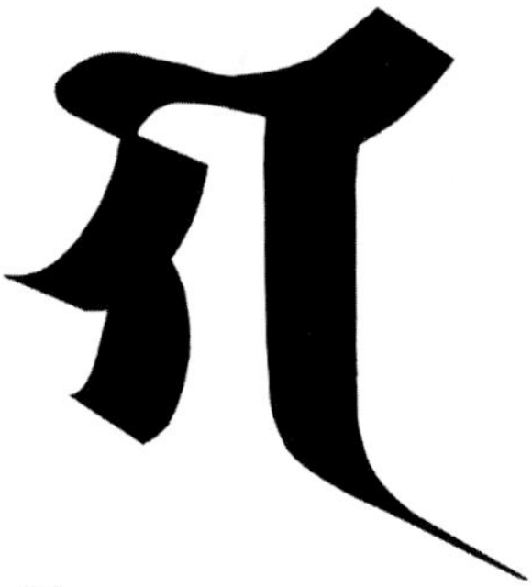

誐

一切法行不可得故

大疏曰哦字門一切諸法一切行不可得故者。梵云哦𑖐多也二合𑖝是名爲行。行謂去來進退不住之義。今從阿字門。展轉釋之。以諸法本不生故。無作無作故。則無所待對可說爲空。空者即不行處。不行處尚不可得。況行處耶。

# 伽 ギヤ

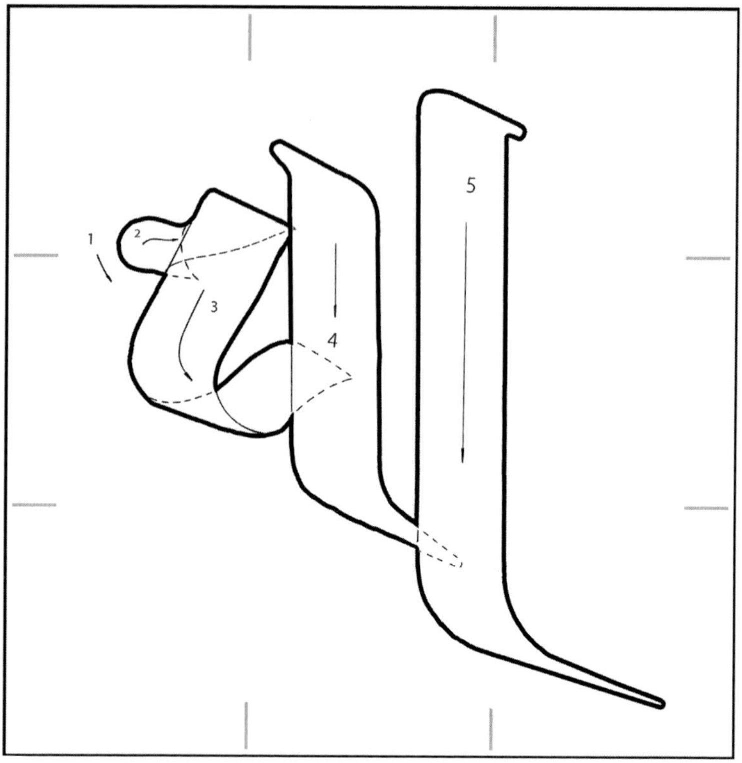


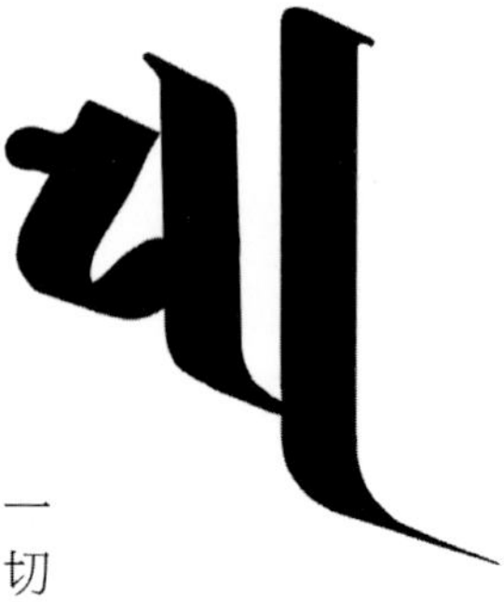

伽

一切法一合不可得故

大疏曰伽字門一切諸法一合不可得故者。梵云伽𑖐那𑖡是密合義如衆微相合成一細塵。諸蘊相合而成一身等。

# 仰

ギャウ

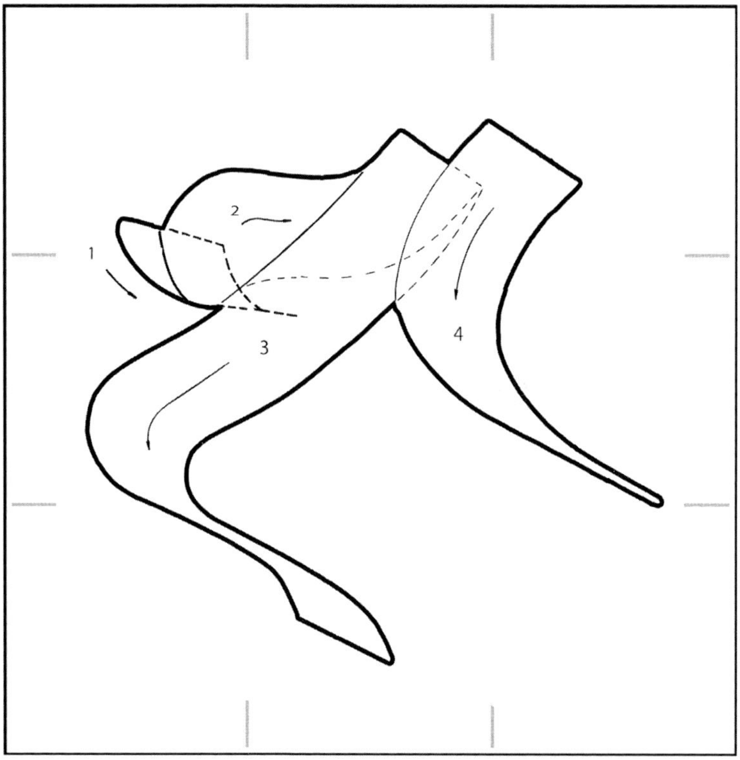

仰

一切法支分不可得故

莊嚴經曰唱哦字時出銷滅衆台生十二支聲明覺曰支也分也涅槃經曰俄者一切諸行破壞之相是故名俄大疏十四云若見仰等五字當知即大空之點也大空離一切諸相即是成佛義也

# 遮　シャ

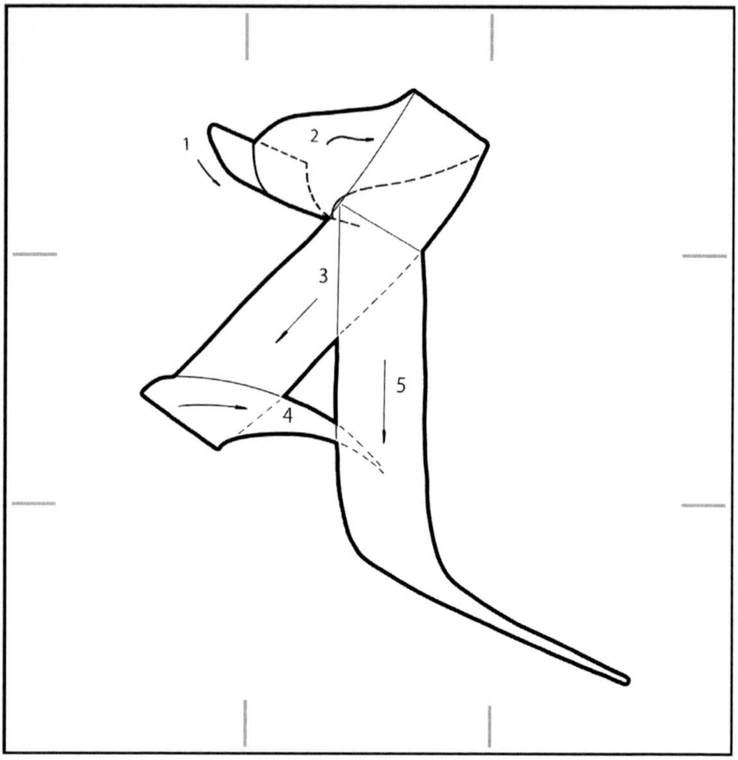

遮

一切法離一切遷變故

大疏曰遮字門一切諸法離一切遷變故
者。梵云遮庾(二合)底即是遷變義。
又梵音遮唎耶。是諸行義。如見遮時。
即知諸行遷變不住。

磋　シャ

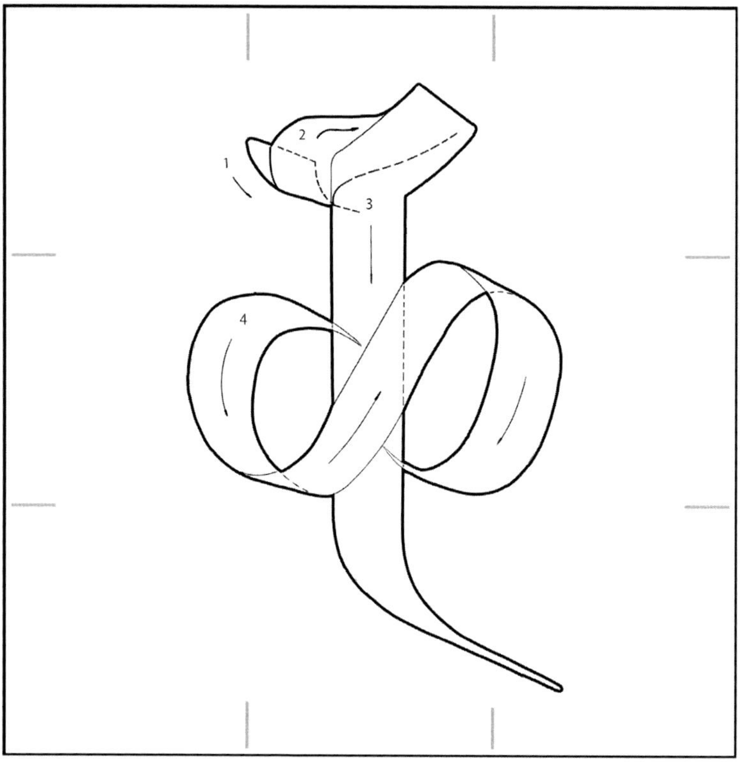


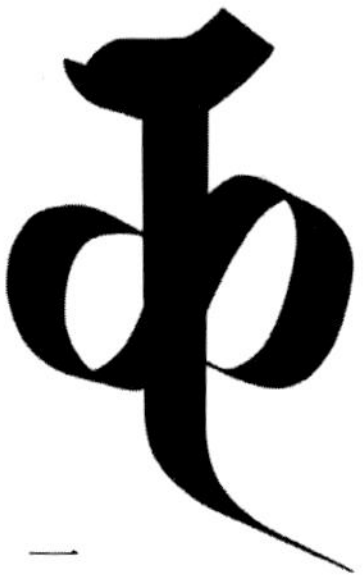

磋

一切法影像不可得故

大疏曰車字門一切諸法影像不可得者。梵音車上𑖔野𑖧是影義如人影像皆依自身。如是三界萬法唯是識心因緣。變似衆境。是事如密嚴經廣説。乃至修瑜伽者。有種種不思議事。或能面見十方諸佛普現色身。亦皆是心之影像。以心本不生故。當知影像亦無所生。無所生故。乃至心無遷變。故影像亦無遷變。所以然者。如影自無定性。行止隨身。心影亦爾。以心動作戲論無一念住時故。世間萬用亦復爲之流轉。若了心如實相時。影亦如實相。故不可得也。

# 惹　ジャ

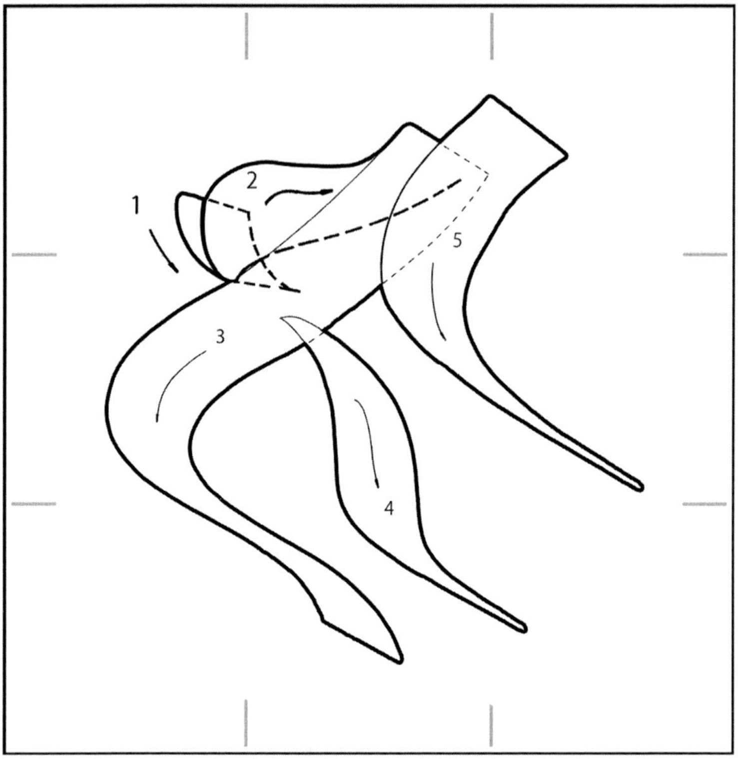

惹

一切法生不可得故

大疏曰惹字門一切諸法生不可得故者。梵云惹𑖕哆𑖝也𑖧是生義。若見惹字門。即知一切諸法無不從縁生如論偈言。衆因縁生法。即是無自性。若無自性者。云何有是法。是故生不可得也。

## 酇　ジャ

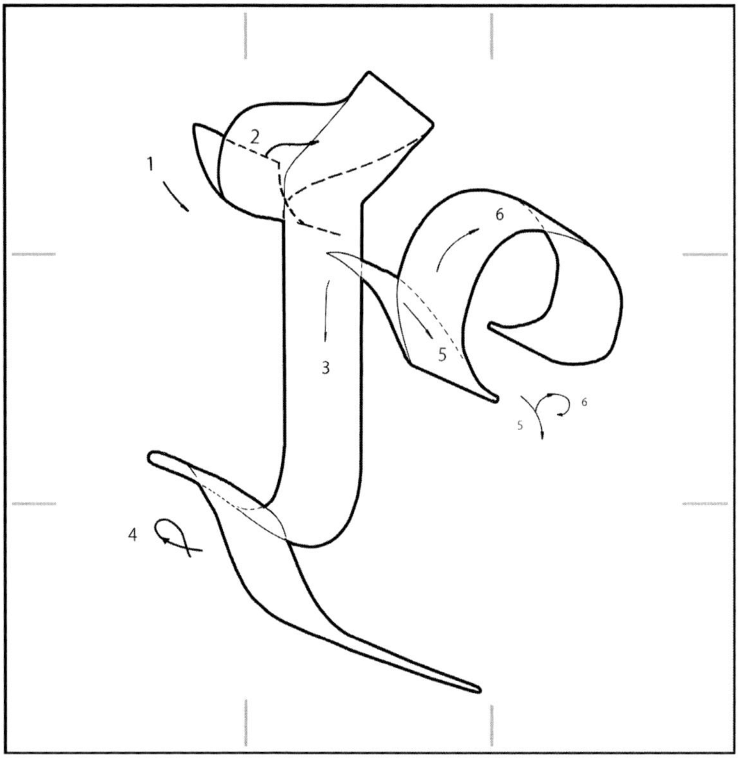

酇

一切法戰敵不可得故

大疏曰社字門一切諸法戰敵不可得故者。梵云社麼攞是戰敵義若見社字。則知一切法皆有戰敵。如世間善不善法逆生死流。順生死流法布施。慳貪持戒。乃至智慧無明等。更相待對勝負無常。乃至如來出世以一切智力。破魔軍衆。亦名爲戰。

# 孃

ジャウ
（ニャウ）

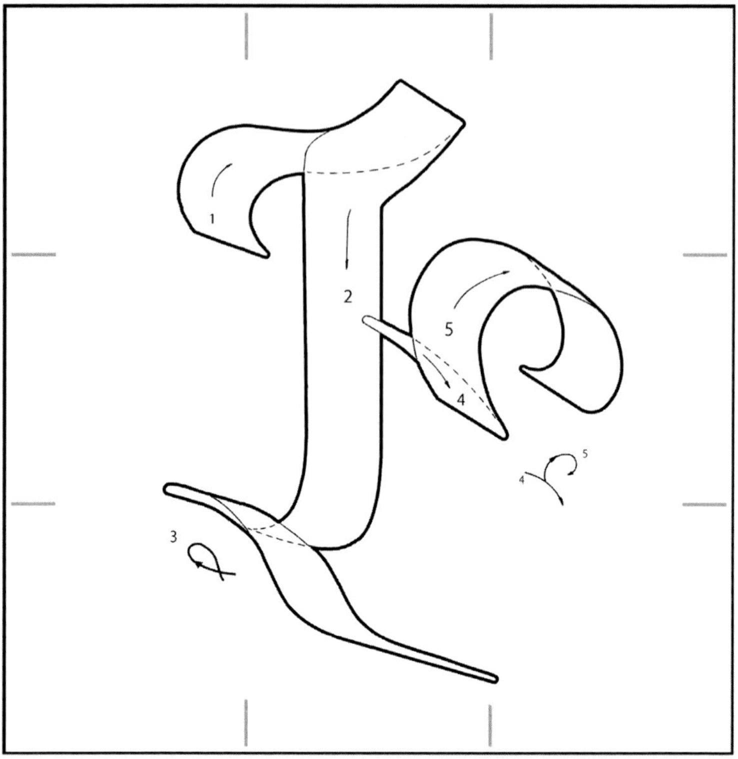

壤

一切法智不可得故

大莊嚴經曰唱壤字時出覺悟一切衆生
聲涅槃經曰若者是智慧知真法性是故
名若

吒

タ

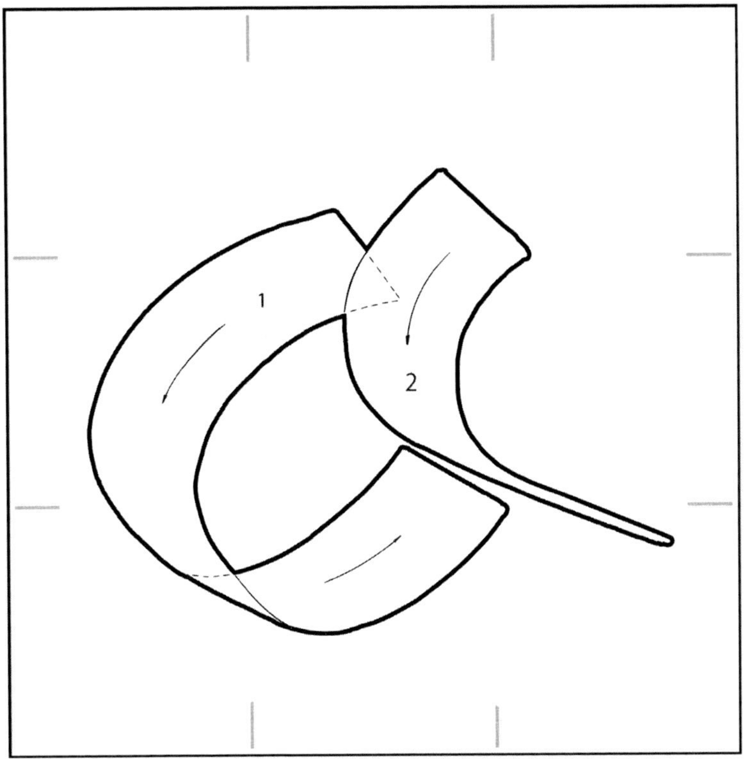


吒

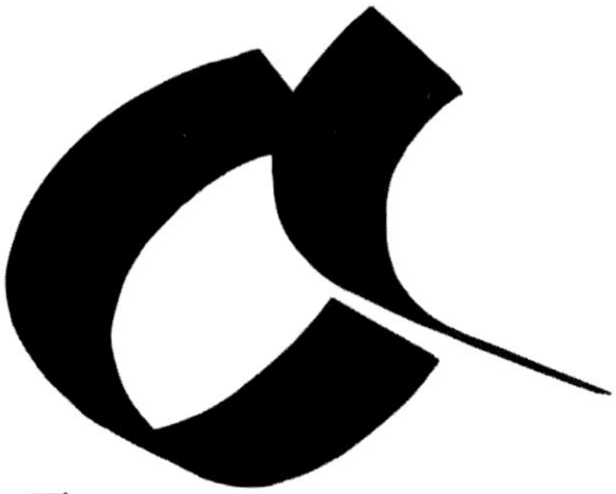

一切法慢不可得故

大疏曰吒字門一切諸法慢不可得故者。梵音吒迦囉是慢義謂見彼法卑下此法高勝。如三界六趣種種優劣不同。所起慢心無量差別。略說有七種相。

咤 タ

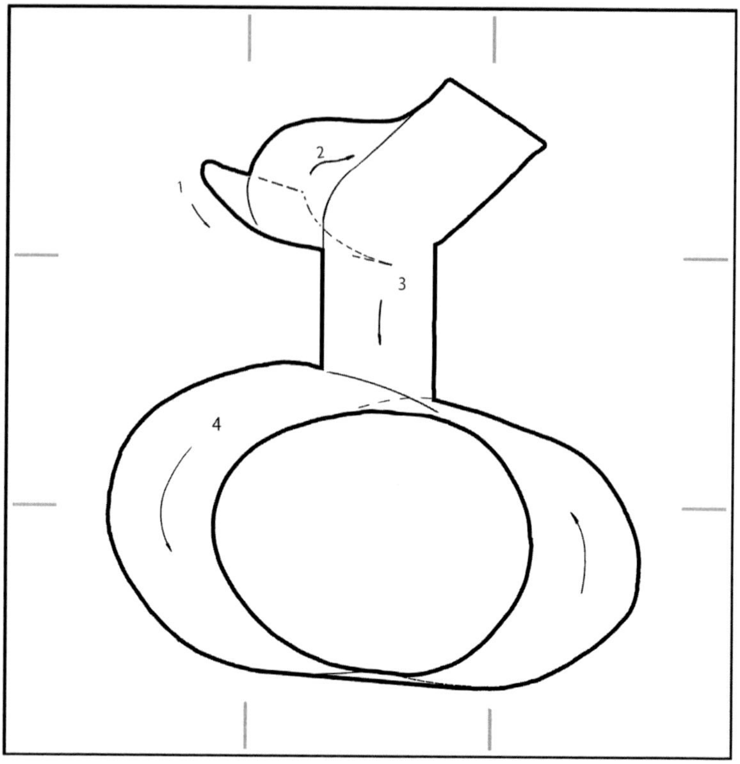


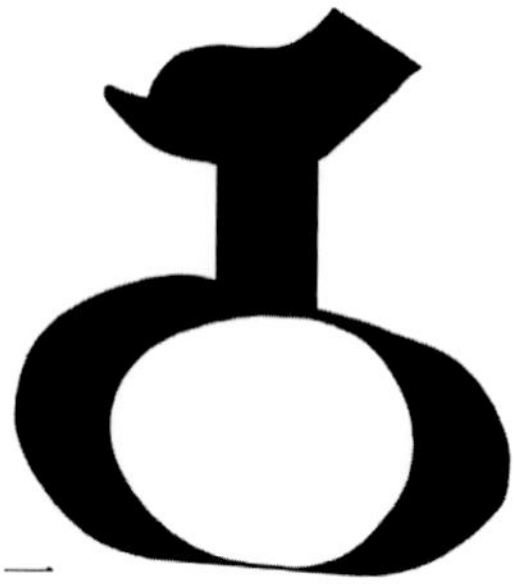

咤

一切法長養不可得故

大疏曰咤字門一切諸法長養不可得故者。梵音毘咤鉢那是長養義如世間種子爲因。五大時節爲縁。漸次滋長得成果實。内法亦爾。於業田中下識種子。無明所覆愛水所潤。而得滋長。

# 拏　ダ

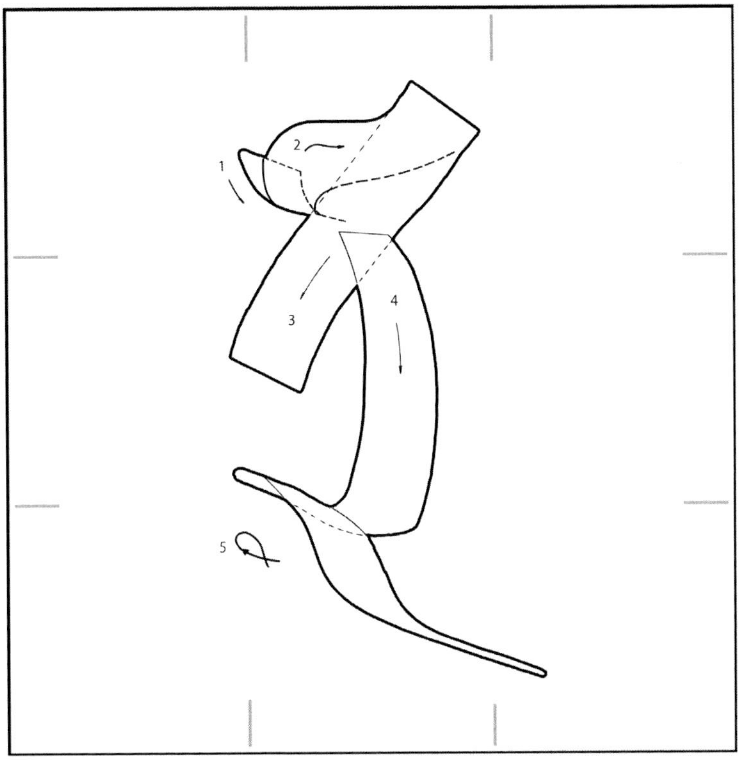

拏

一切法怨敵不可得故

大疏曰拏字門一切諸法怨對不可得故者。梵音云拏𑖚麼𑖦羅𑖨是怨對義如世間仇讐更相報復。故名爲對。又前云戰敵。是彼此相加。此中怨對是避仇之義。梵音各自不同。毘尼中佛説。以怨報怨。怨終不絕。唯有無怨怨乃息耳。

# 荼　ダ

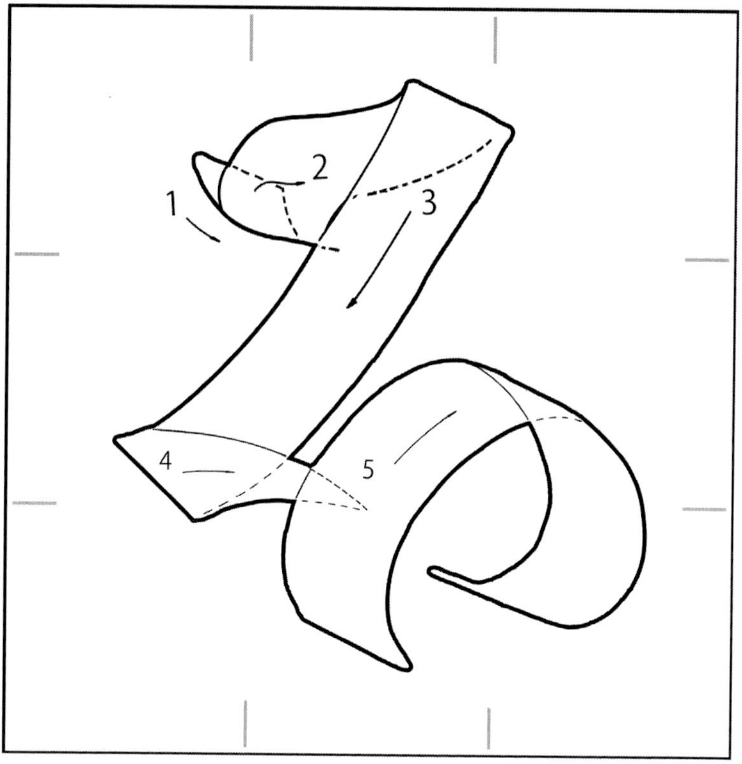

荼

一切法執持不可得故

大疏曰荼字門一切諸法執持不可得故者。梵音湯迦是執持義以荼字上安置點。是故轉聲爲湯。

見此荼字門。即知一切衆生從無始來。爲四魔所著不能捨離。是名字相。今以阿字等種種門。展轉觀一切法皆不可得故。當知一切法無有怨對。以怨對本不生故。終不以平等法界執著平等法界。故云一切法執持不可得也。

## 拏　ダウ

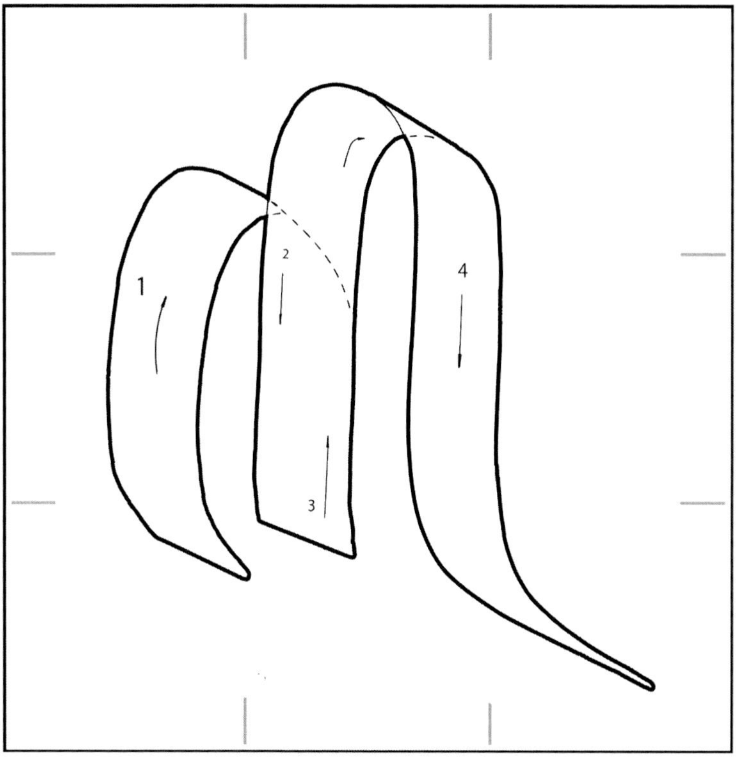

拏

一切法諍不可得故

涅槃經曰拏者非是聖義喻如外道是故名拏大品曰拏字門入諸法不來不去不立不坐不卧故華嚴曰唱拏(嬭可切)字時入般若波羅蜜門名觀察字輪有無盡諸億字

# 多 夕

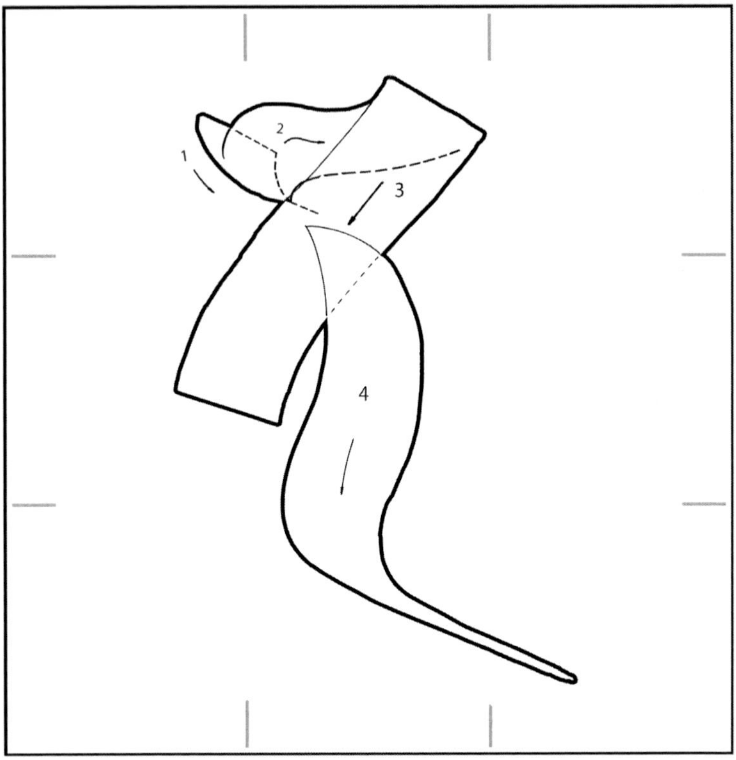

多

一切法如如不可得故

大疏曰多字門一切諸法如如不可得故者。梵云哆他多是如如義語勢中兼。有得聲。證得如如。即是解脱義。如謂諸法實相。種種不如實見。戲論皆滅。常如本性不可破壞。

# 他 ㄊ

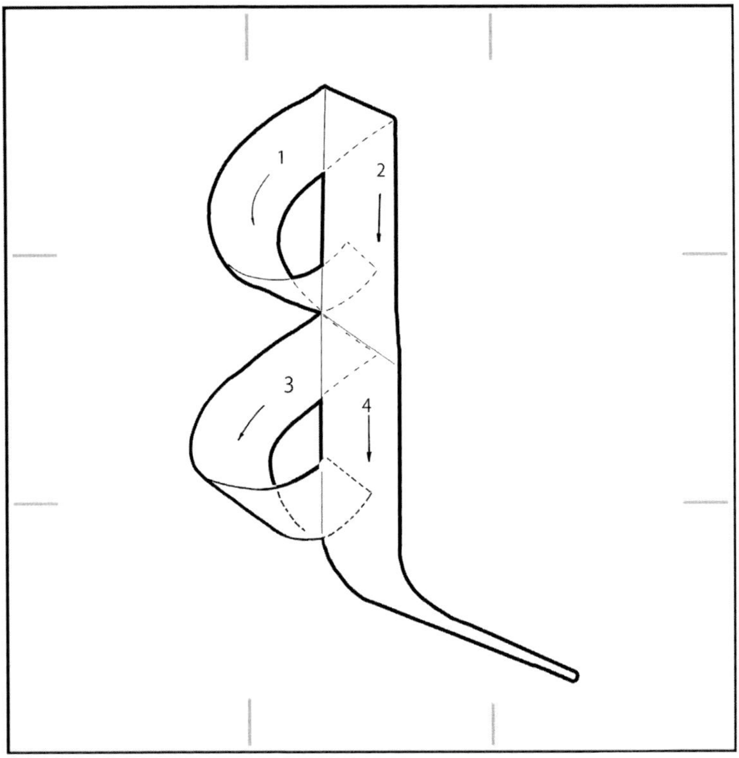

他

一切法住處不可得故

大疏曰他字門一切諸法住處不可得故者。梵云薩他娜是住處義。亦是住義。如人從此住處昇上某處。其所依處所說名爲住。諸賢聖地位亦如是。約諸行道人心迹所依所止息處故。說種種名。若見他字時。即知一切諸法無不待緣成故。當知悉是所依住處。是爲字相。然諸法本來不生。乃至如如解脫亦復不可得。則無去無來無行無住。如是寂滅相中。當有何次位耶。復次入多字門時。了知諸法皆空。故不住生死中。即此如如亦不可得故。不住涅槃中。爾時行處盡息。諸位皆盡遍一切處。的無所依。是名以不住法。住於如來大位也。

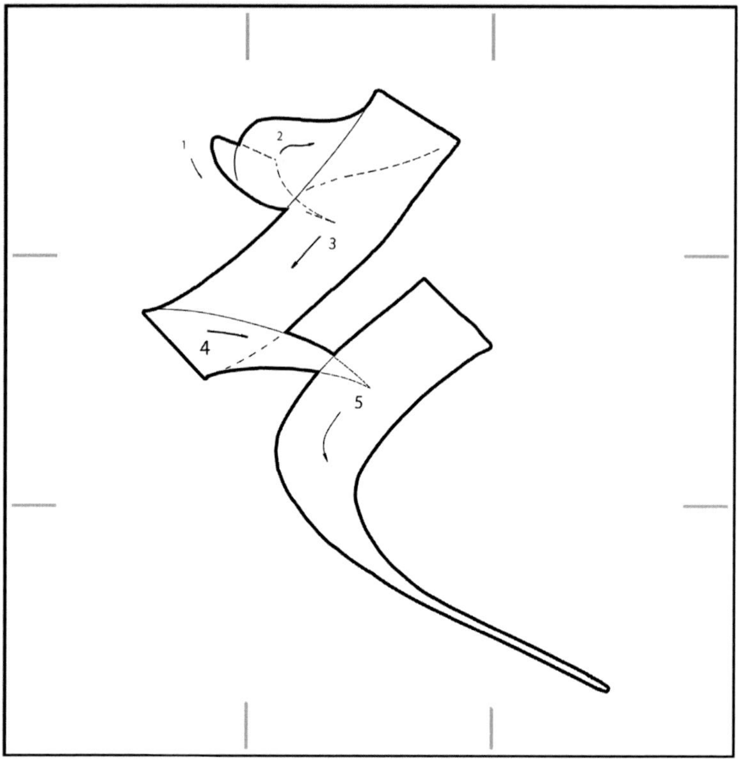

娜

一切法施不可得故

大疏曰娜字門一切諸法施不可得故者。梵云檀那是捨施義若見娜字。即知一切諸法皆是可捨相。所以者何。以一切法離合在緣。無有堅住。若於中執著生愛必爲所焚。乃至十地諸菩薩。於自地所生淨妙功德未到於彼岸。故猶有不思議退失。不名第一安樂處。今觀諸法不生故。施者施處乃至所施物。皆悉本來不生。乃至一切法無住處。無住處故。即此三事亦無住處。是故佛坐道場。都無所得。亦無所捨。於虛空藏中。無所蘊積。而普門流出遍施群生。是名見檀實相。亦名具足檀波羅蜜。

# 駄 ダ

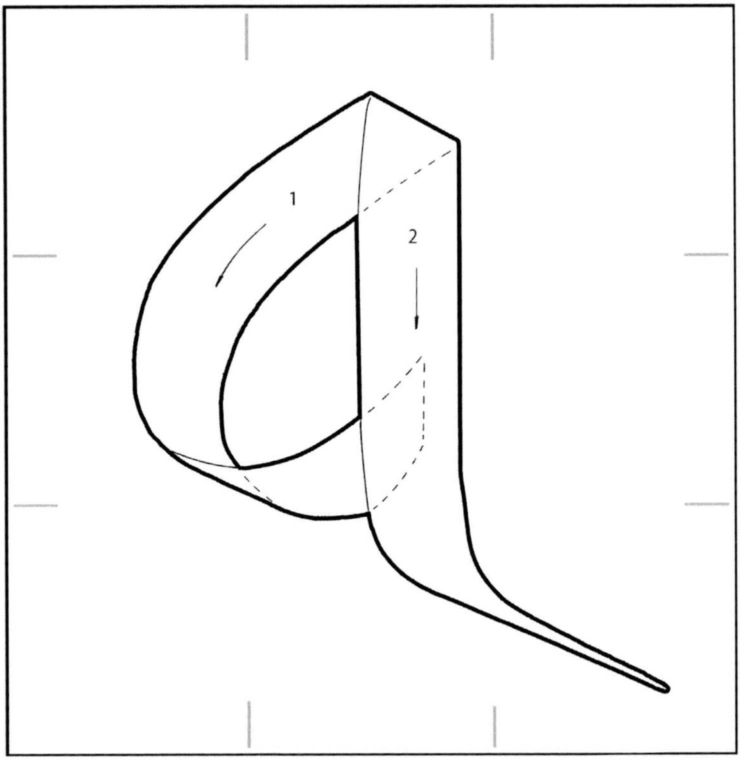


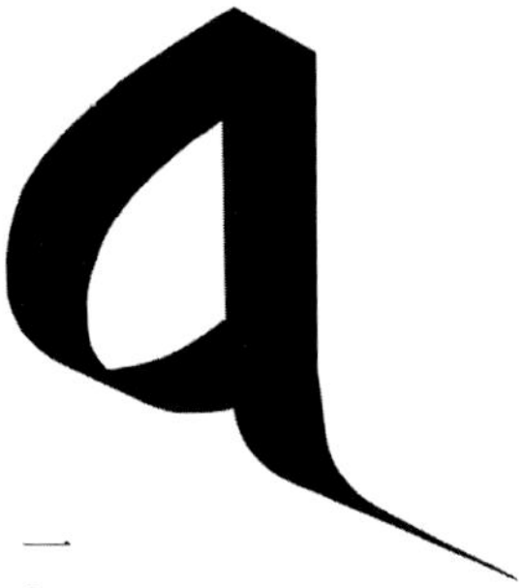

駄

一切法法界不可得故

大疏曰駄字門一切諸法法界不可得故者梵云達𑖠摩𑖨𑖿𑖦駄𑖠𑖯都𑖝𑖲名爲法界界是體義分義。佛之舍利亦名如來駄都。言是如來身分也。若見駄字門。即知一切諸法悉皆有體。謂以法界爲體。

曩　ナウ

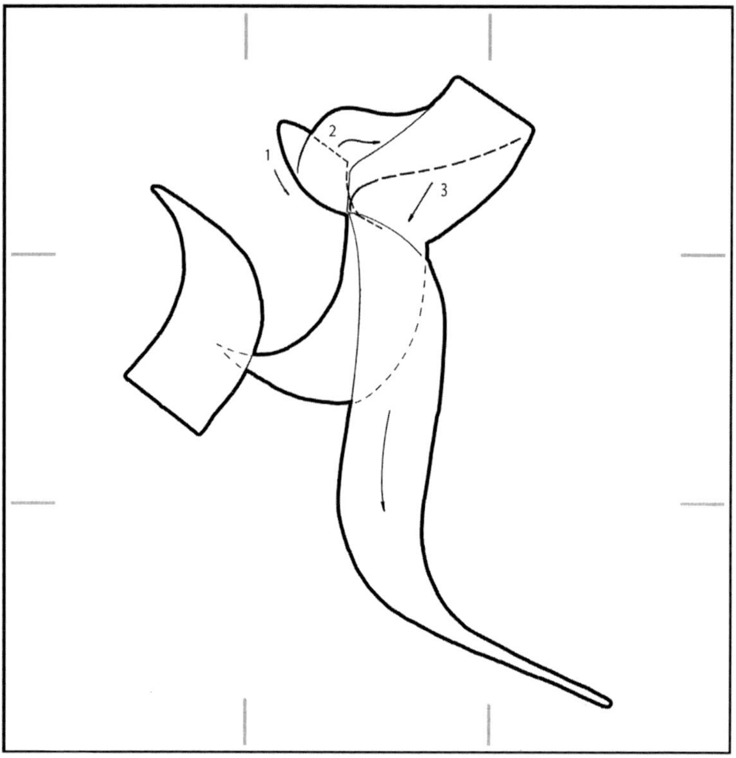

曩

一切法名不可得故

涅槃經曰那者三寶安住無有傾動喻如門閫是故名那大品云那字門諸法離名性相不得不失故

跛 八

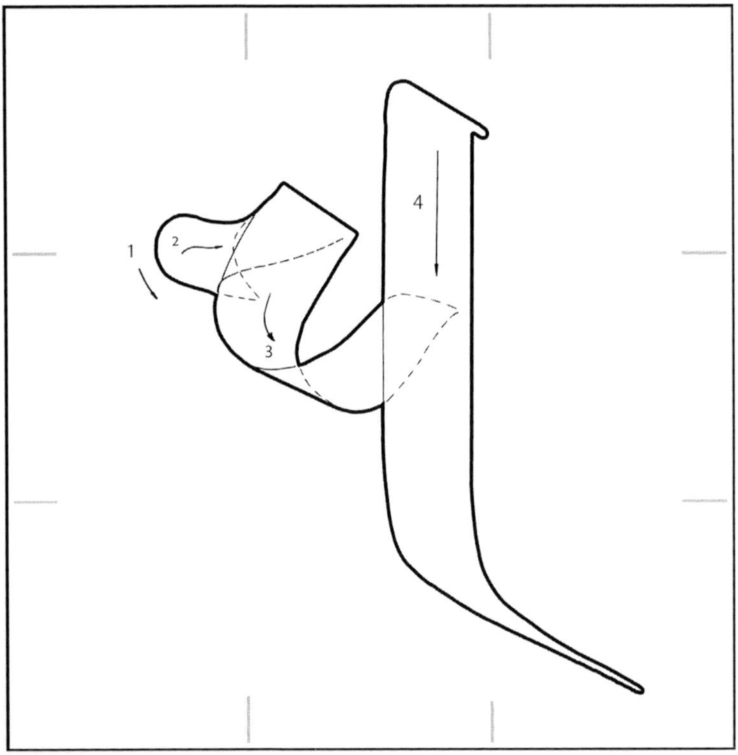


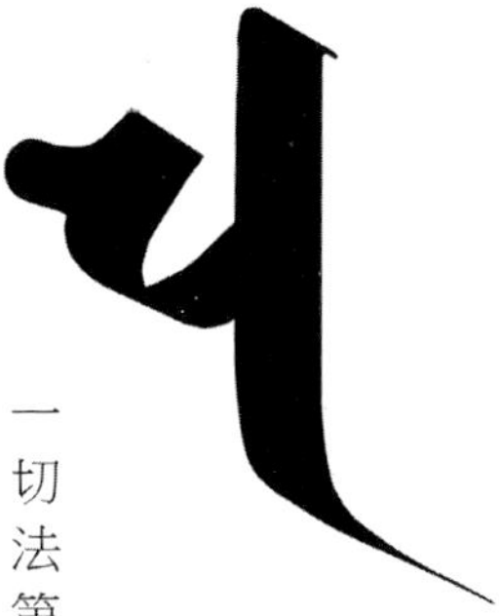

跛

一切法第一義諦不可得故

大疏曰波字門一切諸法第一義諦不可得故者。梵云波羅麼他翻爲第一義。或云勝義。薩底也此翻爲諦諦義相於娑字門說之。今此波字門。正明第一義相。龍樹云。第一義名諸法實相。不破不壞故。復次諸法中第一名爲涅槃。

# 頗 八

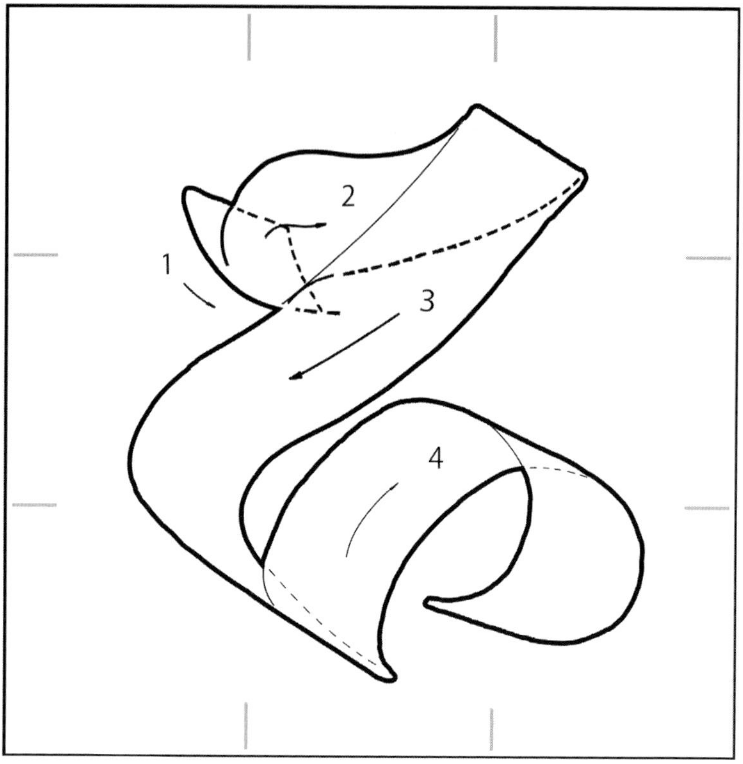

頗

一切法不堅如聚沫故

大疏曰頗字門一切諸法不堅如聚沫故者。梵云沛奴譯云聚沫如大水中波濤鼓怒相激而成聚沫。有種種相生。乃至固結相待遂有堅用。然從麁至細。一一觀察。只是緣生不可撮摩。都無性實。

麼 バ

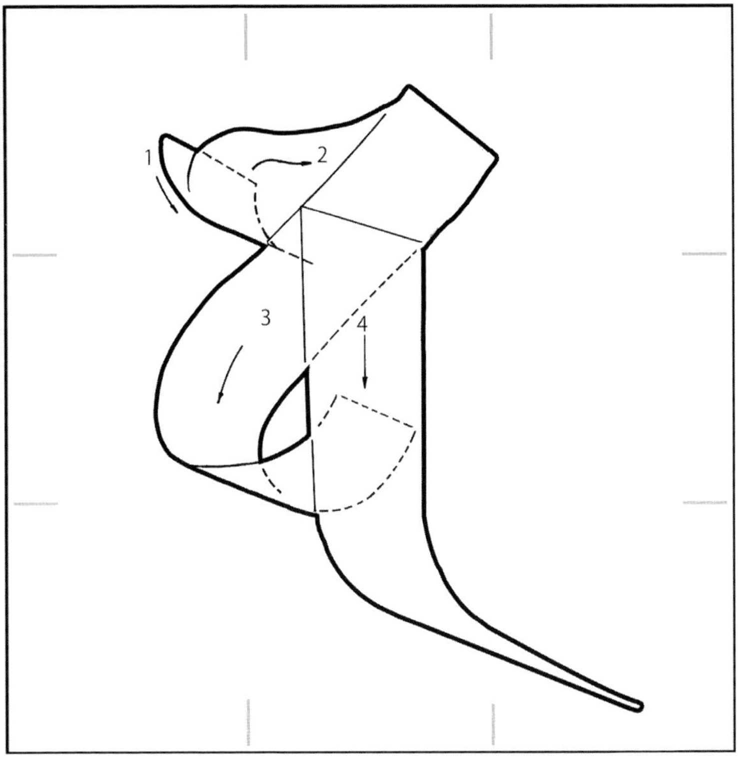

麼

一切法縛不可得故

大疏曰麼字門一切諸法縛不可得故者。梵云滿馱此翻爲縛。如人爲縲紲所拘不可得動轉。是縛義。若以方便解是結時則名解脱。若離身繩無別縛解脱法。

# 婆　バ

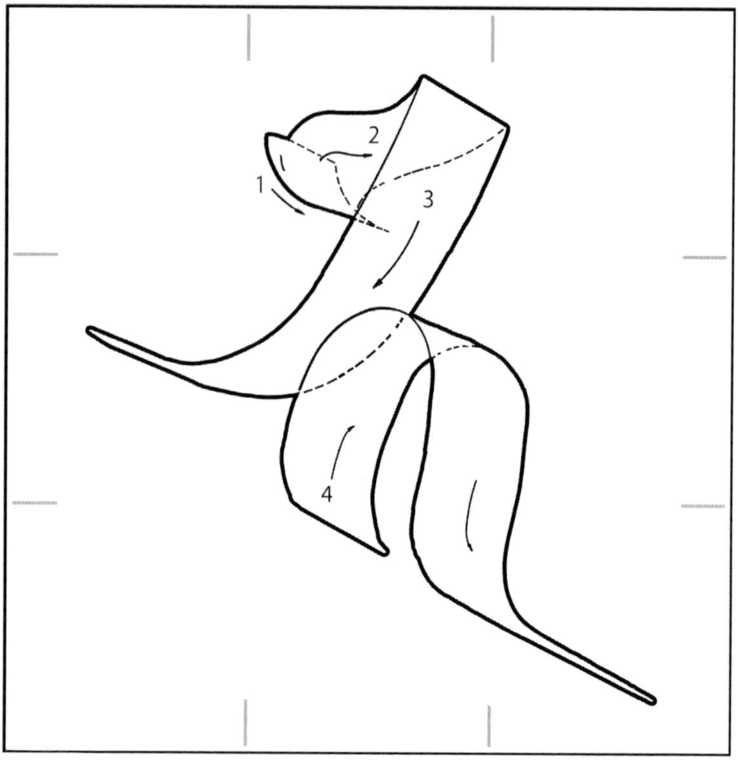

婆

一切法一切有不可得故

大疏曰婆字門一切諸法一切有不可得故者。梵云婆縛此翻爲有。有謂三有。乃至二十五有等。若見婆字。即知一切諸法皆悉有因縁。

## 莽　マウ

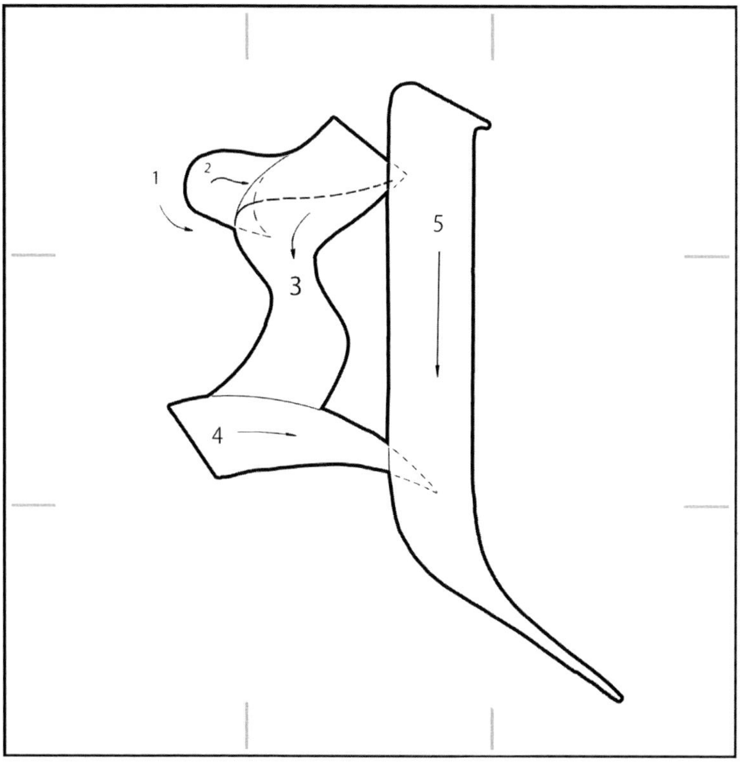


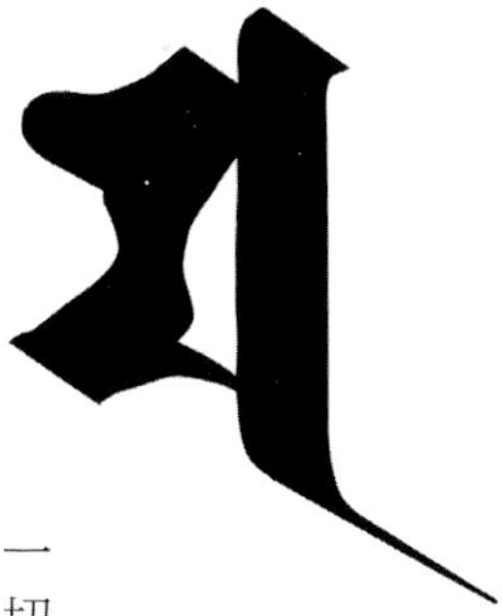

莽

一切法吾我不可得故

大論曰若聞摩字，即知一切法離我所，磨迦羅秦言我所。

## 野 ヤ

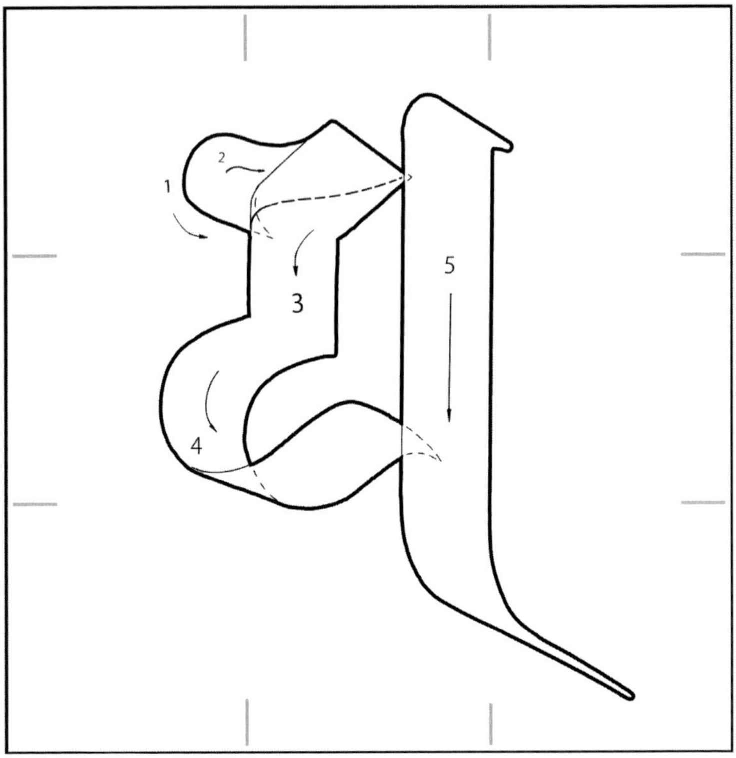


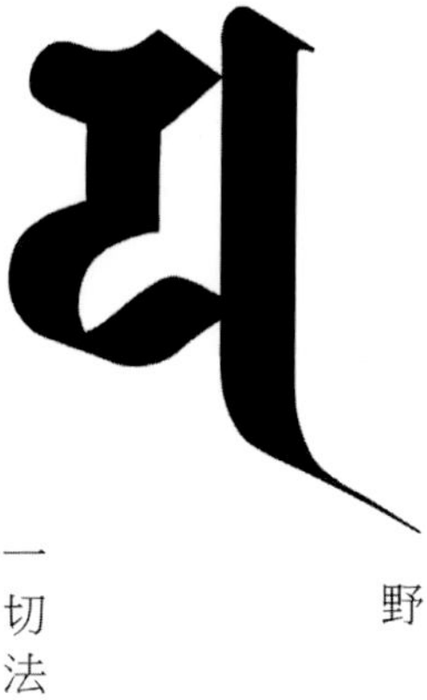

野

一切法乘不可得故

大疏曰野字門一切諸法一切乘不可得故者。梵云衍𑖧那𑖡此翻爲乘。亦名爲道。如人乘馭舟車。則能任重致遠。有所至到。

# 囉

ラ（アラ）

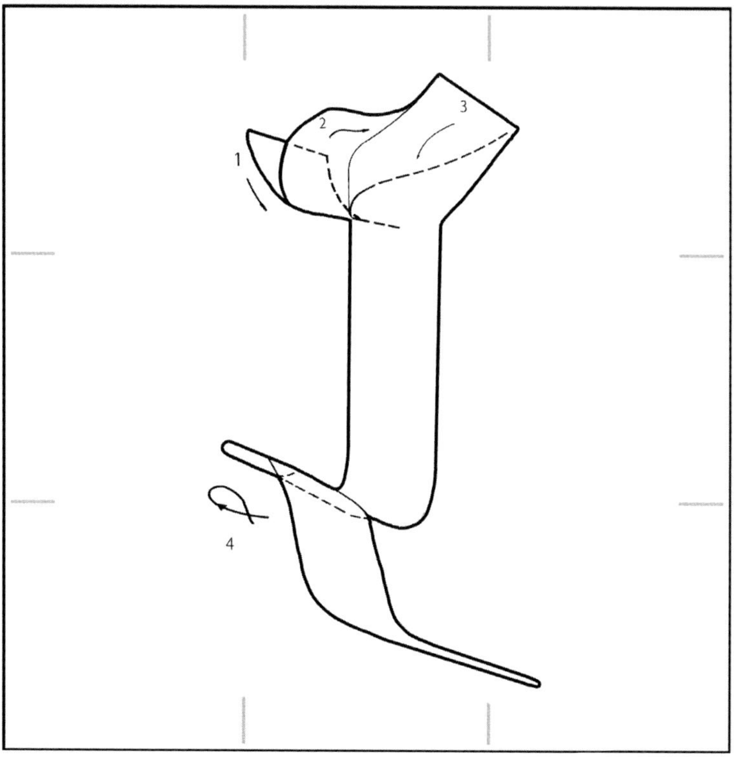

囉

一切法離諸塵染故

大疏曰囉字門一切諸法離一切塵染故者。梵云囉逝是塵染義。塵是妄情所行處。故説眼等六情行色等六塵。若見囉字門。則知一切可見聞觸知法皆是塵相。猶如淨衣爲塵垢所染。

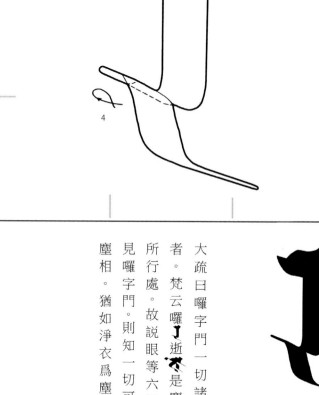

# 邏 ラ

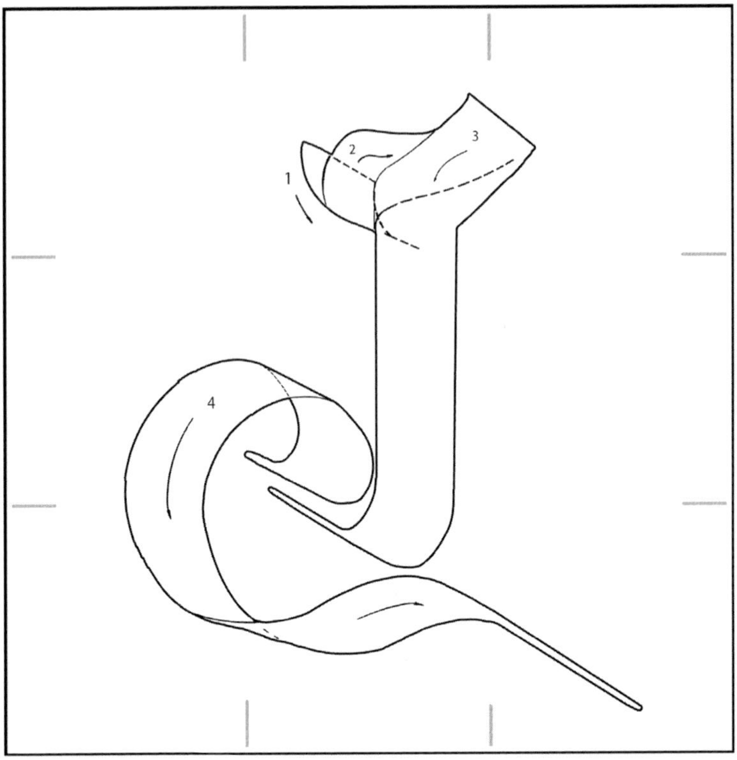

邏

一切法相不可得故

大疏曰邏字門一切諸法一切相不可得故者。梵云邏吃灑此翻爲相有人言性相無有差別。如説火性即是熱相。或言少有差別。性言其體。相言可識。

# 嚩 バ

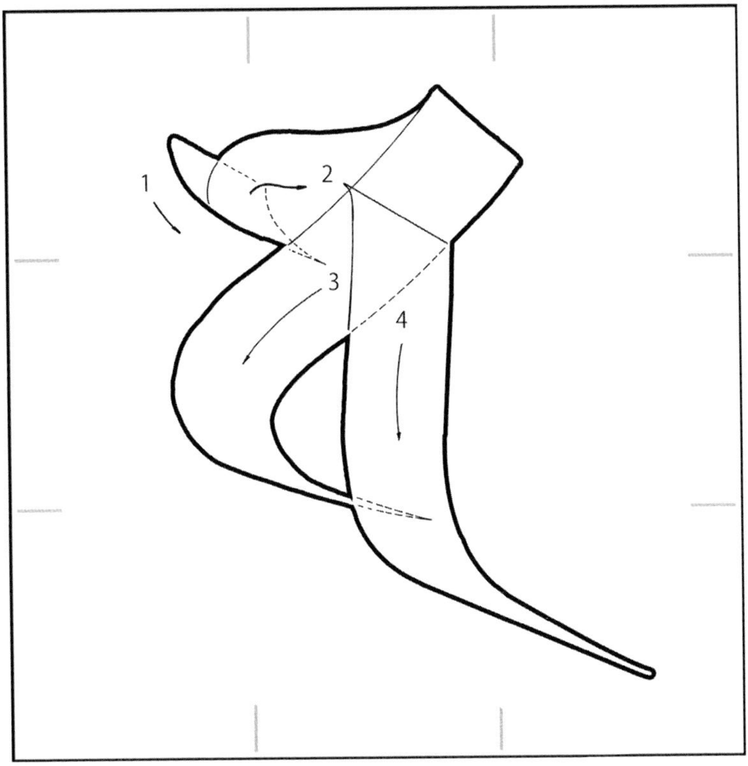

嚩

一切法語言道斷故

大疏曰嚩字門一切諸法語言道斷故者。梵音嚩劫跛名爲語言若見嚩字時即知一切諸法不離語言地。以是諸法無不有因有緣故。

# 捨 シャ

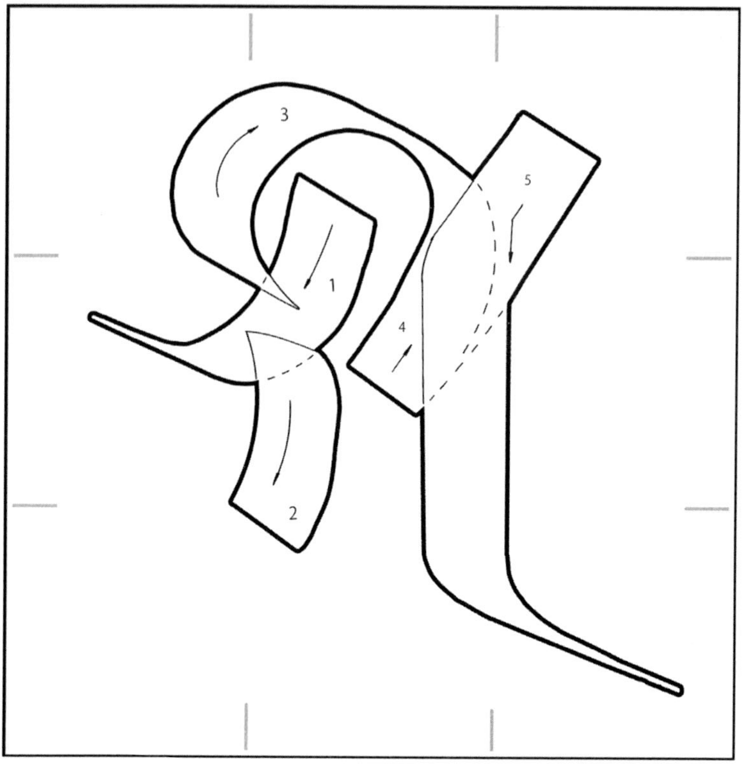

捨

一切法本性寂故

大疏曰奢字門一切諸法本性寂故者。梵云扇𑖫𑖯𑖽底𑖝𑖰此翻爲寂。如世間凡夫。獲少分恬泊之心。止息諠動。亦名爲寂。乃至二乘人等永斷諸行輪迴。得涅槃證亦名爲寂。然非本性常寂。

灑　シャ

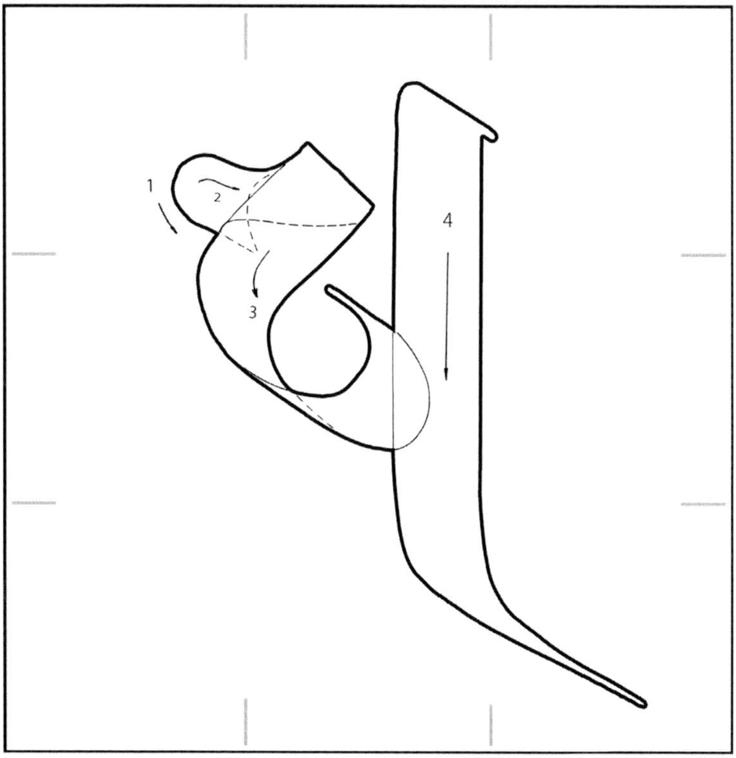


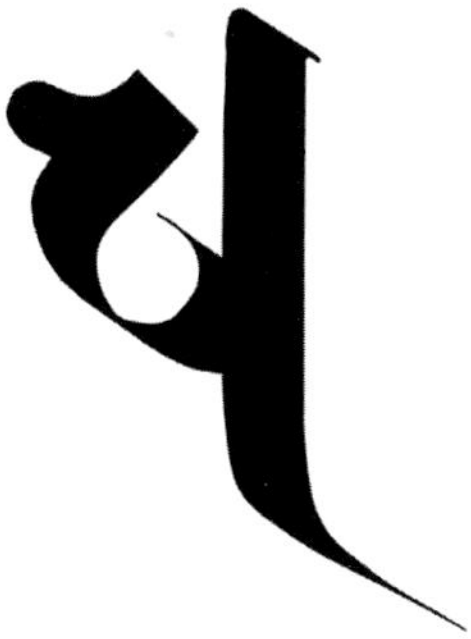

灑

一切法性鈍故

大疏曰沙字門一切諸法性鈍故者。若梵本存質當云性同於頑。頑謂猶如木石無所識知無觸受之義。所云同者是與喻之言。非一向即同於彼也。又大品云般若無知自性鈍故。即與此字門義合。故飾文者存古譯之辭耳。夫自性鈍者。即是極無分別心。不愚不智不惠。無識無智無妄無覺。乃至一切諸法不能動搖。

# 娑 サ

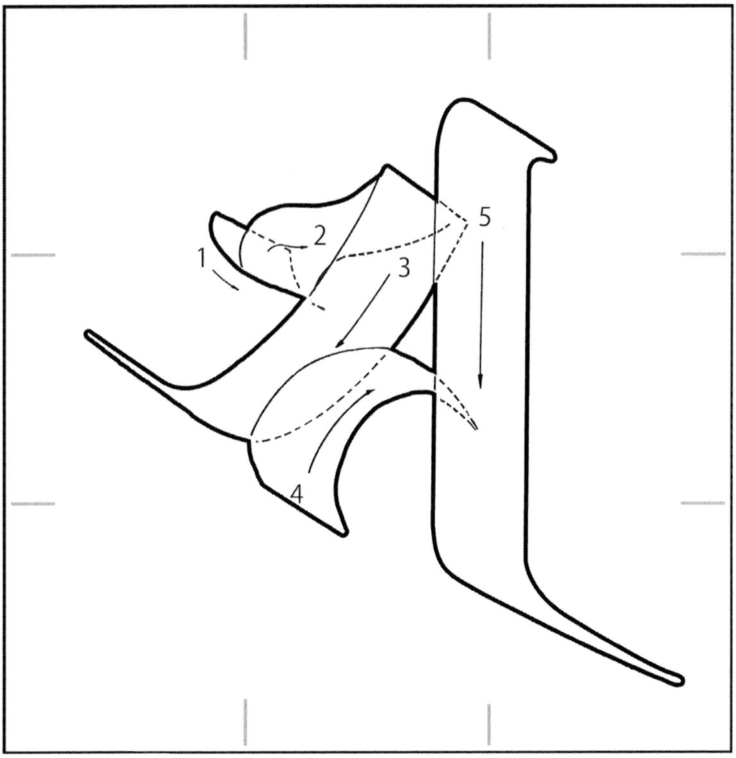

娑

一切法一切諦不可得故

大疏曰娑字門一切諸法一切諦不可得故者。梵云薩跢也此翻爲諦。諦謂如諸法眞相。而知不倒不謬。如説日可令冷。月可令熱。佛説苦諦不可令異。集眞是因。更無異因。因滅則果滅。滅苦之道即是眞道。更無餘道。

# 賀 カ

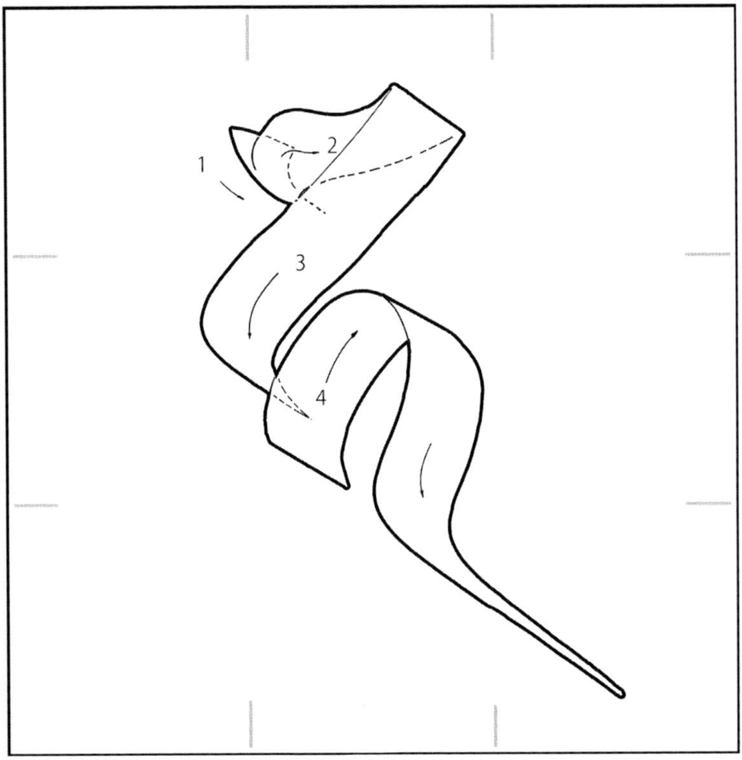

賀

一切法因不可得故

大疏曰訶字門一切諸法因不可得故者。梵云係怛縛即是因義。因有六種。及因緣義中因有五種。如阿毘曇廣說。若見訶字門。即知一切諸法無不從因緣生。是爲字相。以諸法展轉待因成故。當知。最後無依故。說無住爲諸法本。

濫 ラン

## 乞灑　キシャ

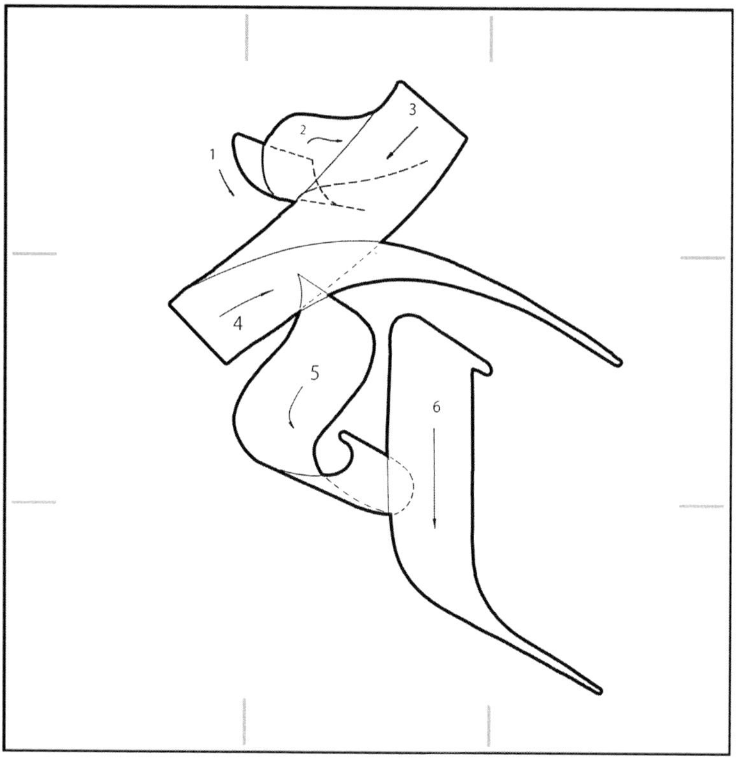

乞灑

一切法盡不可得故

大日品曰叉字門入諸法盡不可得故大論曰若聞叉字即知一切法盡不可得

註：本節悉曇五十一字母的簡介是引用《大正新脩大藏經》第84冊No.2702《悉曇藏》及《悉曇字母并釋義發軫》（1821）。

第三章

# 悉曇字書寫基本方法

## 悉曇字體的發展

初期的悉曇是用鐵做成筆形狀的書寫工具刻在岩石或粘土上。後來發展至在樹皮或葉子上書寫。在南印度，已發展使用鐵筆狀的書寫工具在貝葉上刻上梵文，再在書體上塗炭，這樣有字的部份便會留下黑粉，使字體更清晰。在中印度及北印度，是在樺樹樹皮上書寫。

後期用蘆葦做成的筆開始在印度普及。書體也隨着變化，字體也變得柔軟，不只是直線。隨着時代進步，書寫工具發展至用樹皮做筆，也就是日本使用木做的朴筆的開始。書寫工具的演進，發展出不同的運筆技法，寫出優雅及美麗的字體。

當悉曇傳入中國後，書體也產生了變化。因當時中國的書寫工具為毛筆。毛筆書寫出的字形有其獨特的表現，書寫出來的悉曇書體受之影響下，與朴筆寫出的字形有着微妙的差異。就因毛筆的方便，使用其書寫悉曇書體更越來越興盛。到唐代，使用朴筆書寫悉曇字的人越見減少。弘法大師空海，將真言七祖象、師祖梵號、朴筆書寫悉曇等傳回日本。

在中國的日本留學僧侶回國時所帶回的種種文化，中國風的書體學習當時在日本非常盛行。因毛筆書寫悉曇的影響，模仿中國色彩很強烈，滲著中國風的書體作品就紛紛出現。平安時代的中期，書體的自由筆勢出現，日本的悉曇出現變化。

朴書體（朴筆書寫的書體）主要出現在曼荼羅、佛塔、石造物，作為禮拜對象。朴筆體是正式書體，書寫時，字體大小、運筆都有一定之規格。

鎌倉時代以後，漢字之書法及使用毛筆書寫悉曇大為流行。因毛筆運筆方便、容易。江戶時代初期，智積院的澄禪，也用他研究出的新悉曇用刷毛筆，創出裝飾梵字、種子字文字藝術，色彩美麗豐富。朴書體的悉曇因此而復興。

## 悉曇字書寫流派

江戶時代，日本學者開始由以往研究音韻，開拓研究悉曇的語義，試圖解讀一些梵本。當時日本最重要的悉曇學者有澄禪、淨嚴和慈雲。他們也開創了三大悉曇書寫流派。

慈雲（じうん）（1718-1804）的悉曇筆法是研究「高貴寺貝葉」後自創的，稱為慈雲流。也是目前日本悉曇書寫法的最大流派。在日本悉曇教學及書法的相關書籍中，廣為人知及修讀的有以下數本：

- 阪井榮信，《梵字悉曇習字帖》（1959）。
- 渡邊英明，《悉曇梵語初學者の為めに》（1972）。
- 中村瑞隆、石村喜英、三友健容，《梵字事典》（1977）。
- 田久保周譽著，金山正好補筆，《梵字悉曇》（1981）。
- 種智院大學，《梵字大鑑》（1983）。
- 德山暉純，《梵字の書き方》（1985）。
- 児玉義隆，《梵字必攜》（1991）。
- 靜慈圓，《梵字悉曇》（1997）。

現代悉曇書法的教學書籍中，以阪井榮信的影響最為深遠。阪井榮信（1904-1979），他是慈雲流派的。但因受的到和田智滿（1835-1909），號稱慈雲流派的第一名筆影響下，所以他寫出的悉曇字體具有其獨特的風格。《大正新脩大藏經》所有的悉曇字體，據説就是由他書寫的。然而，目前在日本悉曇教學有著很大的影響有以下兩本書：

一、種智院大學的《梵字大鑑》及

二、児玉義隆的《梵字必攜》。

《梵字大鑑》，阪井榮信是其中一位主編，而書中的字體是依他的字體手本而來，也稱是屬慈雲流派的書體。《梵字必攜》是児玉義隆的著作。他是阪井榮信的嫡傳弟子。雖然，児玉義隆在書中稱他屬智滿流派，但他是師承阪井榮信。所謂智滿流派，便是之前所説當年影響其師阪井榮信的慈雲流派的第一名筆智滿和尚所創的字體，因此也屬慈雲流。

日本的悉曇字體現在仍然相當普及。一些寺院常可見到以悉曇種子字代表各本尊的，而《大正新脩大藏經》[6]中也記錄了大量悉曇資料。其中比較多在「密教部」、「悉曇部」及「圖像部」出現。

6 及後章節錄部份經書作為參考

## 基本筆法

在使用朴筆書寫悉曇字時，朴筆必須垂直於紙面上書寫及必須留意筆畫是由右上寫至左下。

### 命點

命點，可簡稱為阿（ア）點，也可稱為發心點。在悉曇字中，很多字都是由阿（ア）點演變出來的。所以説阿（ア）點這一點是基本的，**沒有阿（ア）點就不是悉曇文字是正確無誤的。**

阿（ア）點有三類，分別為蓮葉型、尖針型和埋頭型。

### 一　蓮葉型

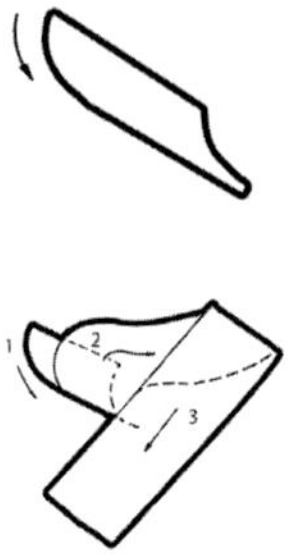


當寫完阿（ア）點後，朴筆不需要離開，只需微微向上斜，之後拉下，向右彎曲後提升，而形成少少彎曲面如蓮葉般優美。

## 二　尖針型

阿（ア）點如寫出尖頭的形狀，這就是尖針型。

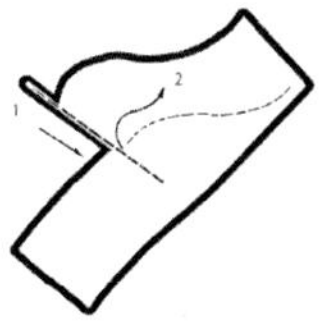

## 三　埋頭型

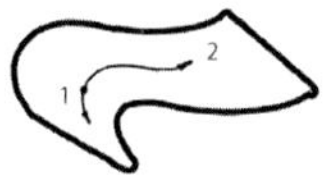

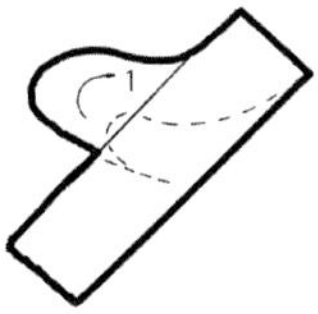

如上圖的阿（ア）點在書寫完橫線後都是完全沒有顯露出來，則為埋頭型。

## 直線

直線，可分為如左圖的兩類型。

一

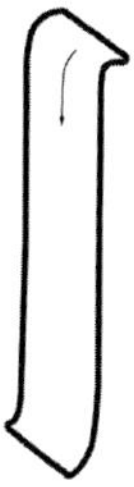

上圖的直線是落筆後向左微微彎出，一直帶筆寫到所需長度後向左拉上收筆。這類結尾通常是為準備書寫下一筆，鶯點。

二

上圖的直線落筆如1類，除收筆是向右45度拉長直至所需長度，然後將筆畫自然地收尾。

## 鶯點

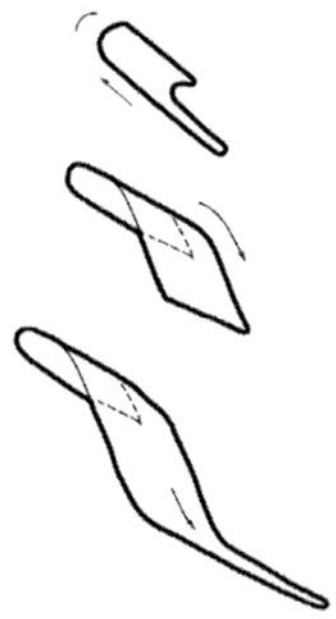

此筆劃名為鶯點。原因是書寫出來的形態有如飛越山谷的黃鶯般優美。首先，側寫成一細線，然後向左上方推上，接著向右轉寫半個細圓圈，如畫了黃鶯的頭部，拉下但筆角度不變，直至寫出如黃鶯的身體，完成身體部分便向右拉一細線收尾。

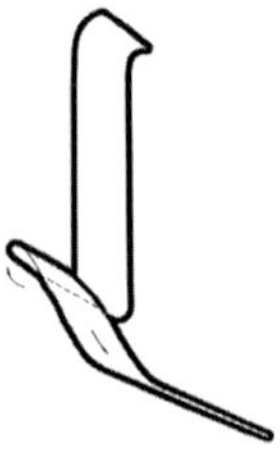

上圖是直線與鶯點連接時的書寫方法。

鶯點，在朴筆書體中是基本及重要的筆畫，所以必須重覆練習，使其書寫出來保持優美。

## 雲形點

除鶯點外，還有此雲形點。

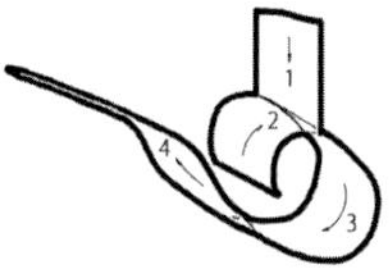

此為雲形點在直線下的位置。

## 橫直線及橫斜線

阿(ア)點開始後，筆不可提起需繼續接著書寫。留意有三類，蓮葉型、尖頭型及埋頭型。

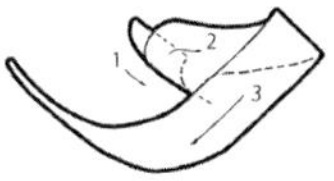

當完成橫線後，向左斜拉直至所需長度，如上圖。

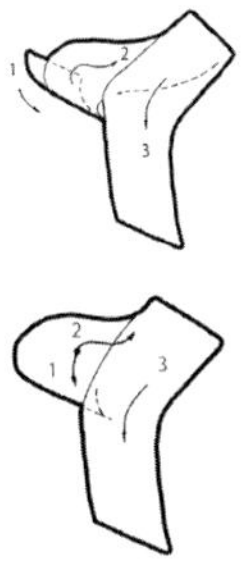

如寫橫直線就轉回直線，如上圖。

在書寫橫直線或橫斜線時需小心控制朴筆的幅度。這是需要下點功夫的。

## 點

悉曇的點是有位置、有面積的。它與其他筆劃不同之處只是比較短。

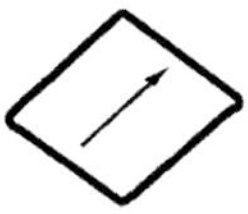

這點是由左下向右方推上，直至形成上下、左右對稱的漂亮菱形。

## 弧線

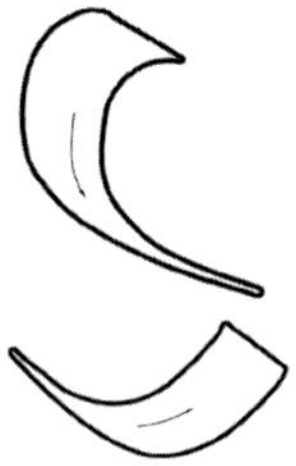

這曲線是比較細小的筆劃。

這筆劃重點是利用朴筆的厚度來表現出弧線的細緻部份。書寫這一劃時，不可轉動朴筆的軸心，改變朴筆的角度和筆壓。

## 空點(仰月點)

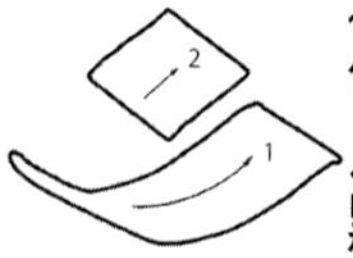


仰月點，是空點的其中一種。必須在空點下寫上半月形弧線才成為仰月點。

仰月點為一裝飾之點，用來莊嚴文字。

## 彎曲線

這一筆，似畫出一開口圓形，注意不能過大。

## 蛇曲線

蛇曲線，右圖集合了七種不同的筆順供大家練習。

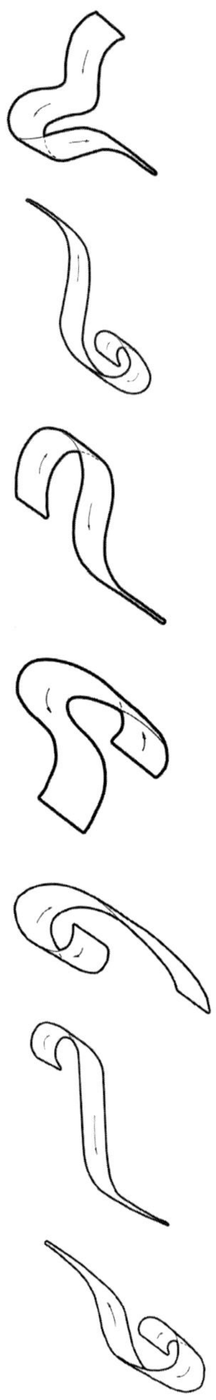

如由命點至彎曲線的筆劃有着充分的練習，這些應用形也可完成。如在練習中發現其形態真的未能寫出，請重新由第一劃開始練習。

練習到此，朴筆的特徵及使用方法，應有所發揮及理解。有時，使用毛筆較難表達的筆劃形態，意外地用朴筆或能書寫出漂亮的字的形態。所以朴筆的發明，是經過長時間的研究所產生，是為了寫出優美的梵字而來。

因此現時不要拘泥於目前字的形態。根據輪廓線作為基準，放鬆心情地運用手腕的活動及運筆方法來練習。

現在，就用阿（ア）字作為實際字例，説明如可由以上的筆畫，組成一個種子字，及書寫的次序。別忘記，書寫時的原則一般由上而下，先左後右，與中文字大約相同。

首先，先從阿（ア）點開始。所謂阿（ア）點，也就是我們書寫每個梵字時，提筆落下的第一點，因此，此阿（ア）點也稱為發心點或是命點。

接著就是蓮葉型的橫線。不要把筆放鬆寫斜線。繼續寫彎曲線，收尾。之後，書寫孤線。然後到直線及鶩點。

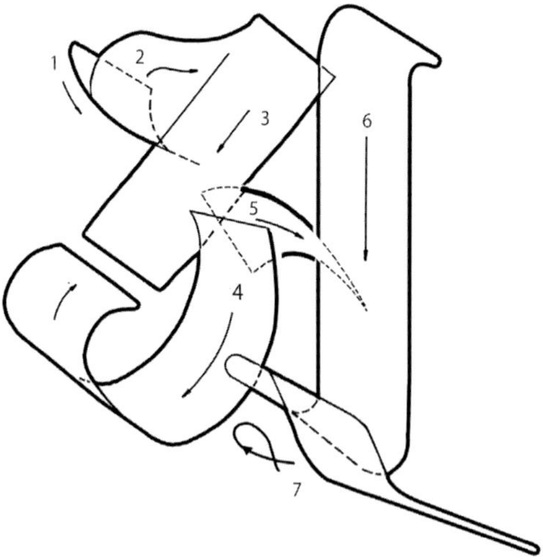

## 梵字之規矩

書寫朴筆悉曇梵文字體時，書寫風格之規矩是很重要。規矩詳細定義了其形狀的規則。對此規定在《梵書朴筆手鑑》上、下二卷（1709）已有詳細的説明。書內是以澄禪流的書體作為書法規則的詳解。

現引用書中五個常用的種子字作為參考例子。

# 鑁

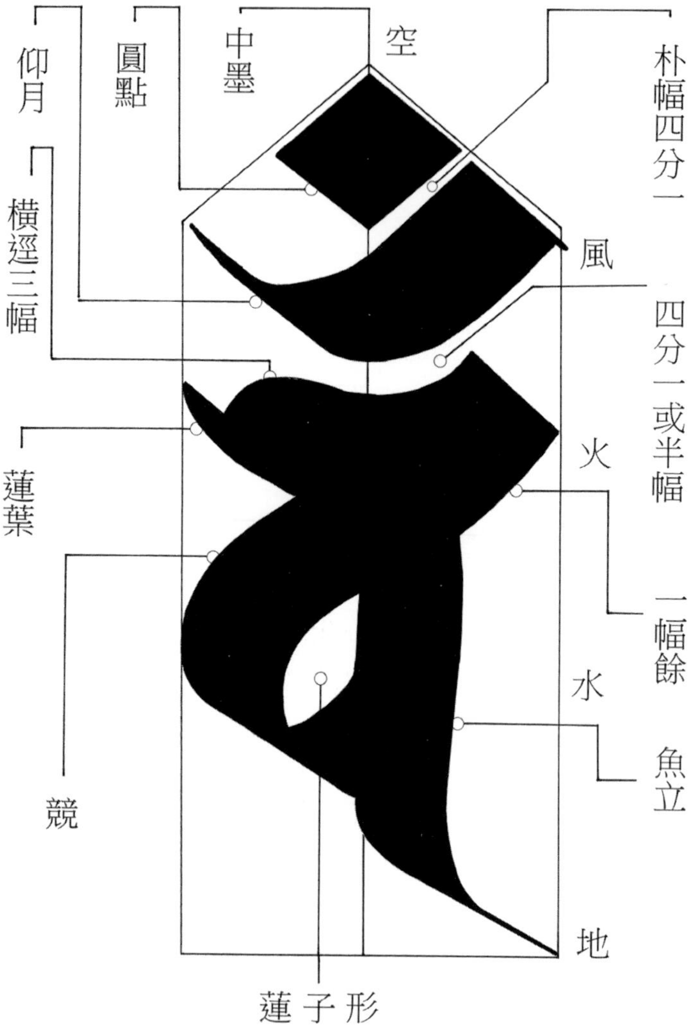

吽

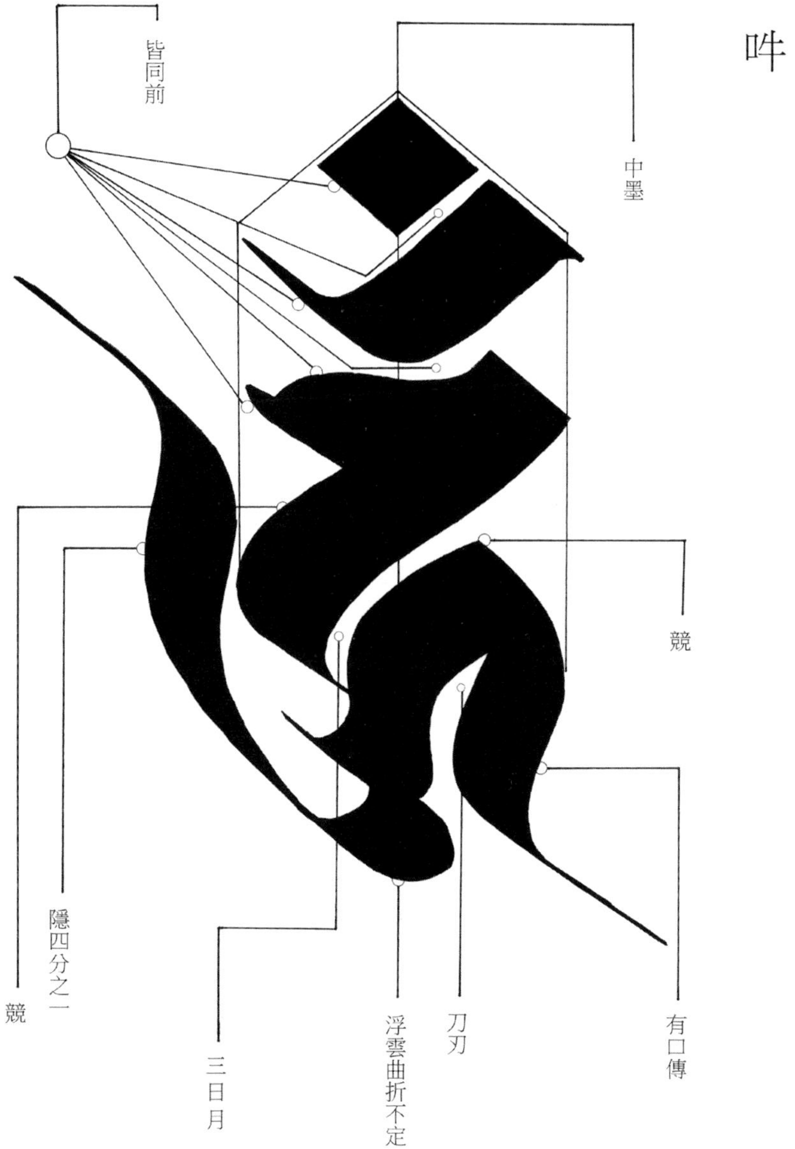
皆同前
中墨
競
隱四分之一
競
三日月
浮雲曲折不定
刀刃
有口傳

## 怛⿰口洛

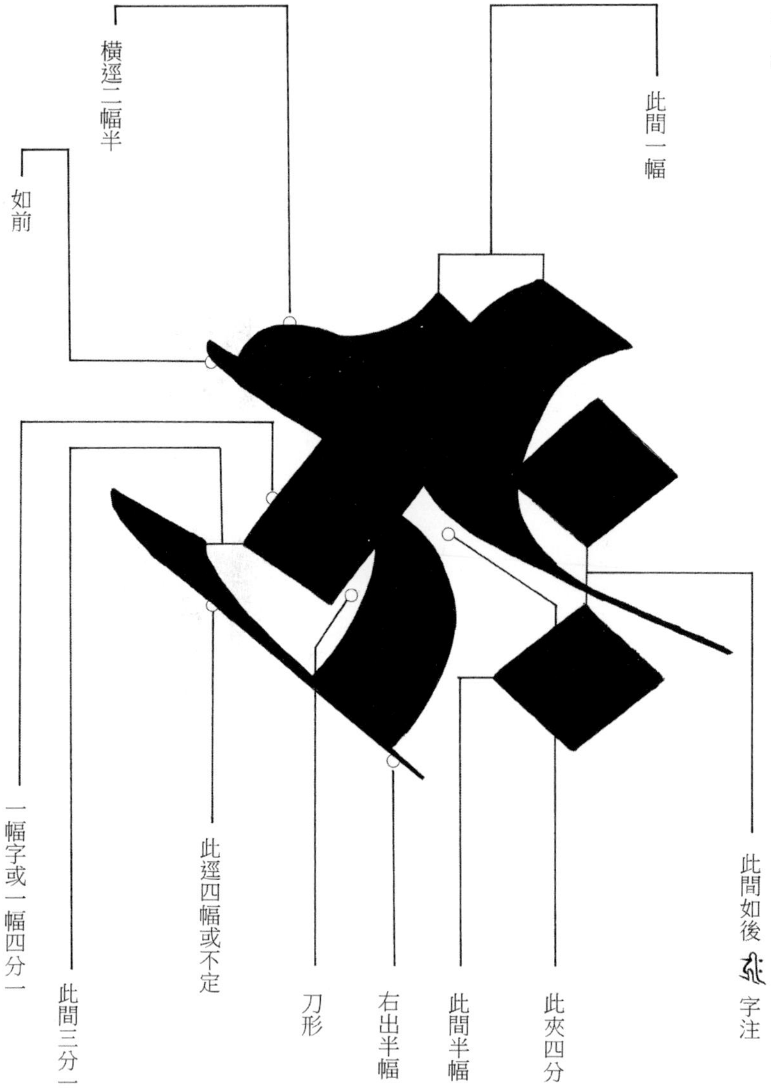

此間一幅
橫逕二幅半
如前
一幅字或一幅四分一
此間三分一
此逕四幅或不定
刀形
右出半幅
此間半幅
此夾四分一
此間如後
字注

紇唎

痾

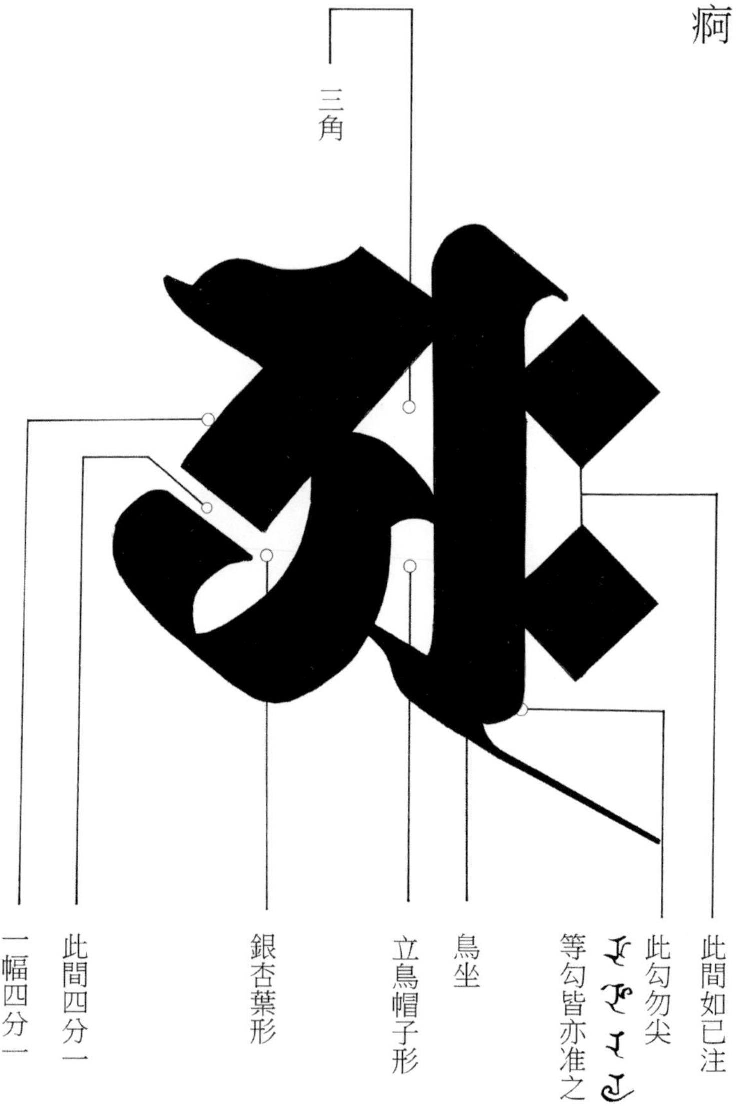

## 悉曇字之組成

悉曇字，除了純母音，它的書寫是以子音做「本體」，加上母音「摩多」的點畫即「母音符號」，互相組合變化所形成的。

依《大正新脩大藏經》內智廣撰寫的《悉曇字記》[7]主張，「……其始曰悉曇。而韻有六。長短兩分字十有二。將冠下章之首。對聲呼而發韻。聲合韻而字生焉。即𑖀阿上聲短呼𑖁阿平聲長呼等是也。其中有𑖆紇里二合等四文。悉曇有之非生字所用今略也。其次體文三十有五。通前悉曇四十七言明矣。聲之所發則牙齒舌喉脣等合于宮商。其文各五。遍口之聲文有十。……」。即悉曇字母基本有十六個摩多（母韻），加三十五個體文（字音），每一個摩多和體文，均有其本身音韻，是可成為一獨立字。

悉曇字可分為十八組拼寫法則，稱為悉曇十八章。在進入十八章前，首先了解一下甚麼是「摩多點」及「半体」。

7《大正新脩大藏經》第54冊，NO．2132

「摩多點」，是摩多（母韻）與體文（字音）合併時所用來表示其音的簡略符號。「半体」，是體文（字音）與摩多（母韻）或體文（字音）與體文（字音）合併時所用的簡化字形，可分上半部與下半部兩種。「摩多點」和體文「半体」，在「悉曇字母表」中也有介紹。

如何合併成為悉曇字？以下列出一些合併例子作為簡單介紹悉曇十八章。凡例內有介紹如何合併為自重字、二合一字、三合一字。也有由不同數量的字母組合成的種子字作為參考例子。詳細資料可參閱《悉曇十八章併梵語千字文》一書。

多、夕

自重字

體文

半体上部

體文

半体下部

多、夕

自重字

| 體文 | |
|---|---|
| 字號 | 32 |
| 悉曇文字 朴筆 |  |
| 悉曇文字 九筆 |  |
| 異体字 |  |
| 半体上部 |  |
| 半体下部 |  |
| 漢字 音譯 | 多 |
| 羅馬 併音 | ta |
| 日文讀音 中天音 | タ |
| 日文讀音 南天音 | タ |
| 發音種別 | 以下五字齒音 清、無 |
| 字義 | 一切法如如不可得故 |

【般若菩薩・二】社若 ジニャ（ジナ・ジャダ・キジャ）jña

二合一字

# 二合一字

社若　ジニヤ

| 體文 | | |
|---|---|---|
| 字號 | 31 | 24 |
| 悉曇文字 朴筆 |  |  |
| 悉曇文字 九筆 |  |  |
| 異体字 |  |  |
| 半体上部 |  |  |
| 半体下部 |  |  |
| 漢字 音譯 | 拏 | 惹 |
| 羅馬 併音 | ṇa | ja |
| 日文讀音 中天音 | ダウ | ジャ |
| 日文讀音 南天音 | ダ | ザ |
| 發音種別 | 鼻音 | 濁、無 |
| 字義 | 一切法諍不可得故 | 一切法生不可得故 |

莽迦、マウギャ

三合一字

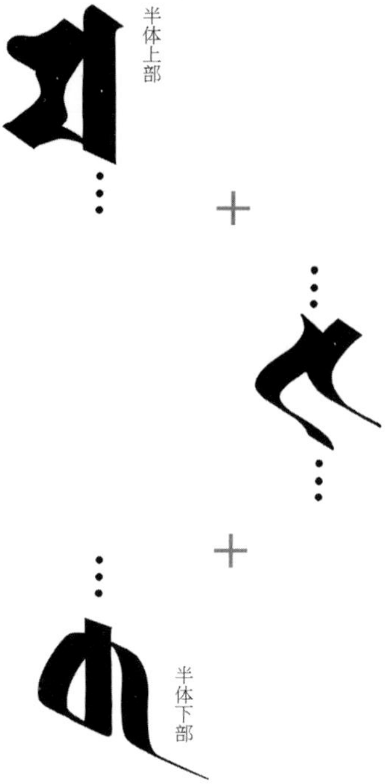


| 體 | 文 | | |
|---|---|---|---|
| 41 | 21 | 17 | 字號 |
|  |  |  | 悉曇文字朴筆 |
|  |  |  | 悉曇文字丸筆 |
| |  |  | 異体字 |
|  |  |  | 半体上部 |
|  |  |  | 半体下部 |
| 莽 | 仰 | 迦 | 漢字音譯 |
| ma | ṅa | ka | 羅馬併音 |

41 + 21 + 17

三合一字

莽迦、マウギヤ

社、ザ

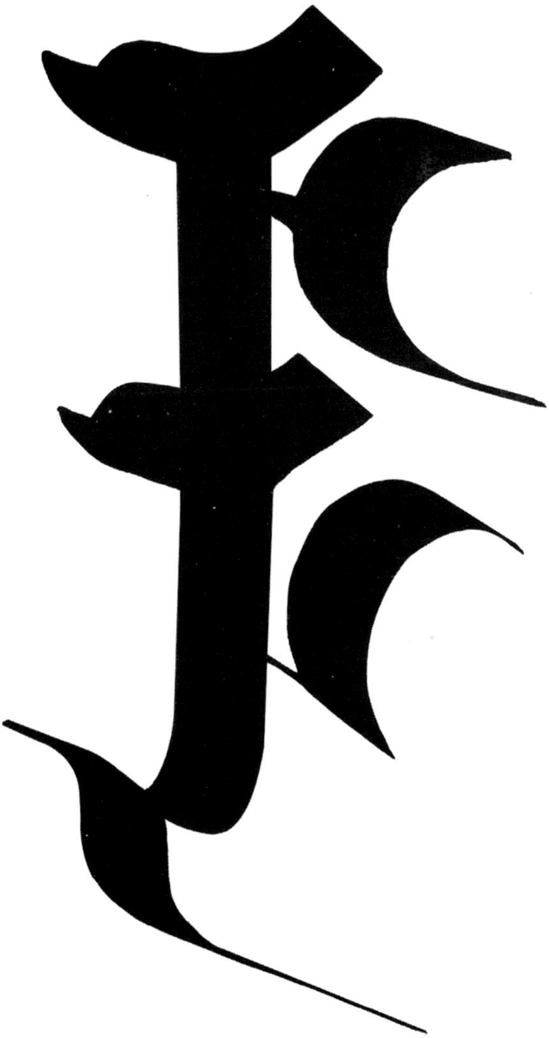

自重字

阿勒多薩那、アロタサチト

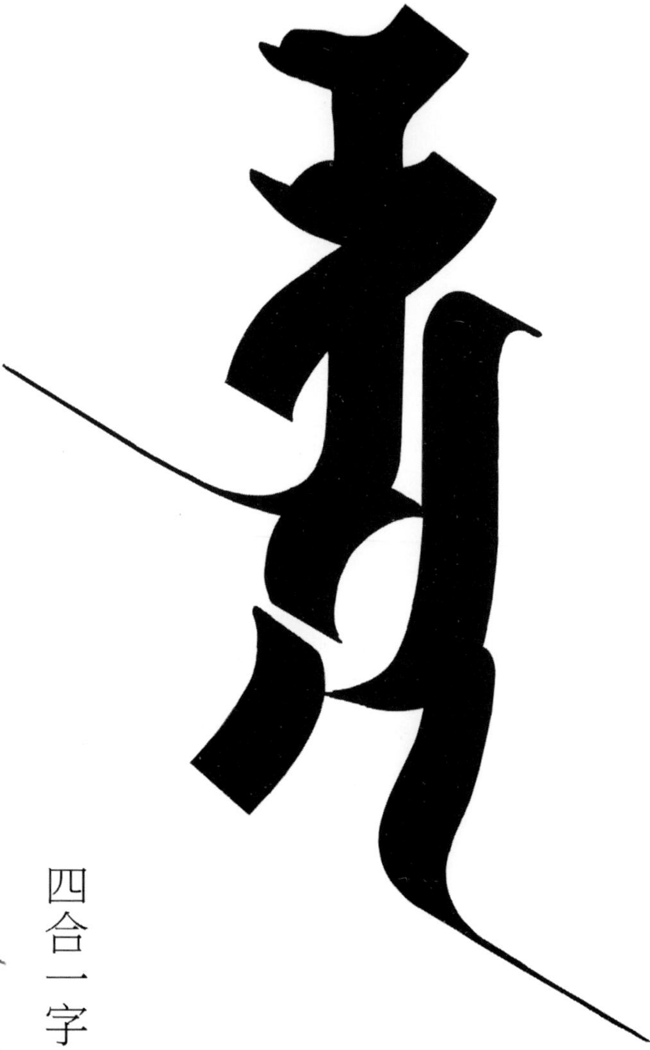

四合一字

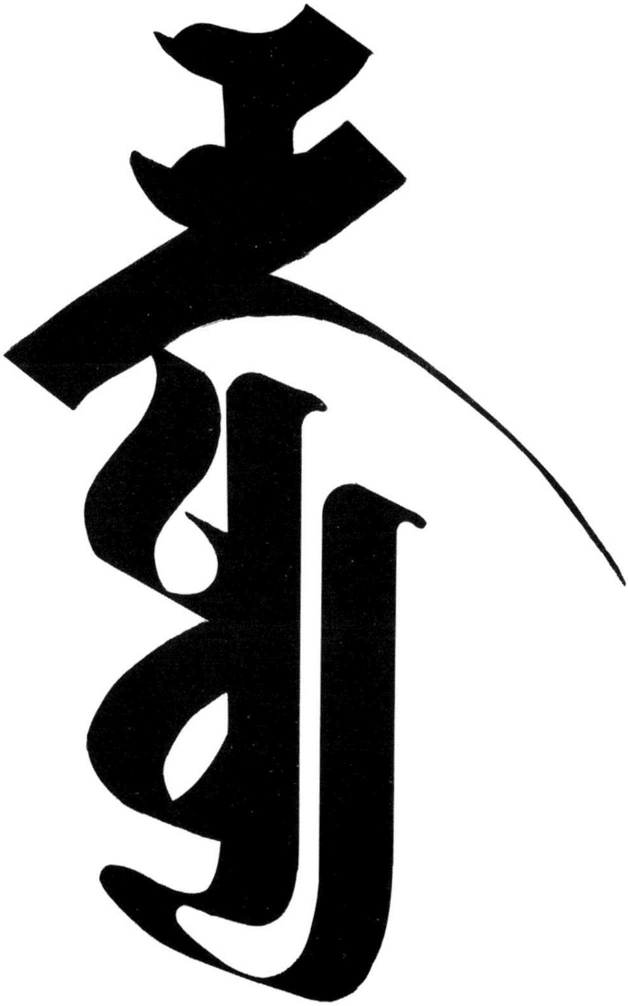

阿勒叉微耶、アロシャビヤト

四合一字

五合一字

吒洛呬欿、シラキエン

一字文殊

底哩𩕳炎、チリキエン

一髻文殊

吽、ウム　愛染明王

吒洛呬皦、シラキエン

一字文殊

沒羅賀摩、ボラカムマ

梵網經

不動三尊　中尊

制吒迦、セイタカ

制吒迦童子

矜羯洛、コンガラ

矜羯羅童子

五大尊　中央不動

五大尊 東方　降三世

五大尊 南方

軍荼利夜天

五大尊 西方 大威德

五大尊 北方 金剛夜叉

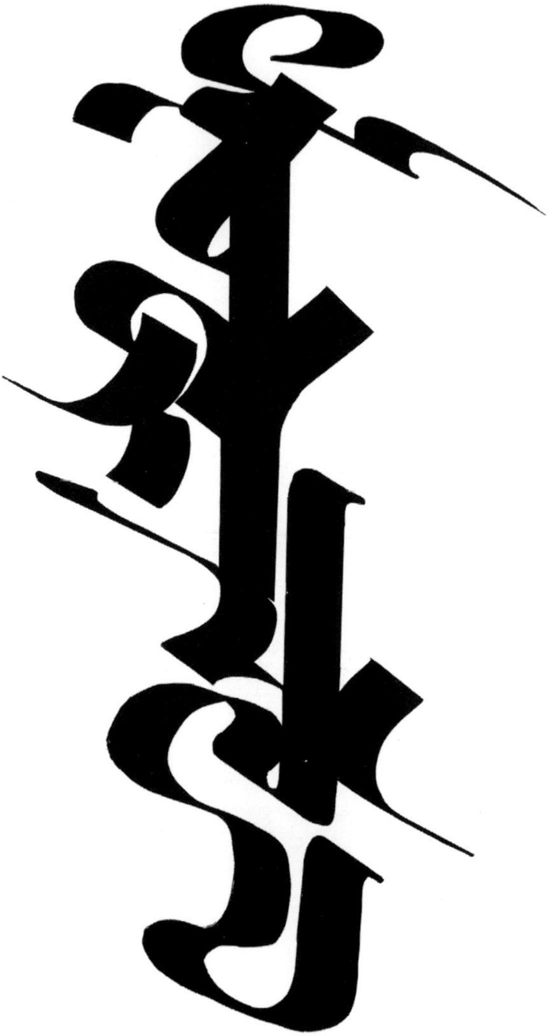

吠室羅曼拏耶、バイ シラ マンダ ヤ

毘沙門

摩利支也、マリシャ

摩利支天

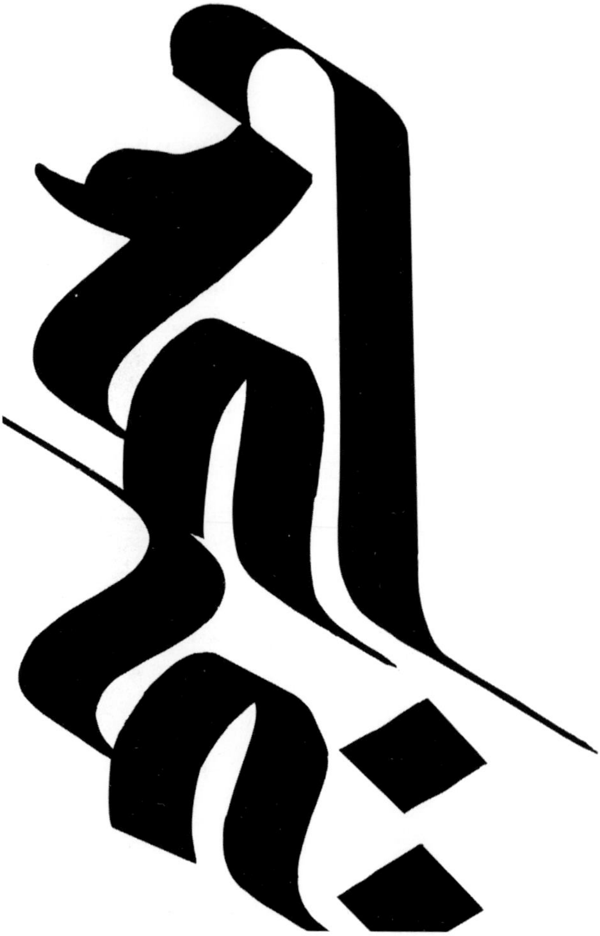

頡履訶、キリカク　荼吉尼天

悉怛哩野、シッ チリヤ

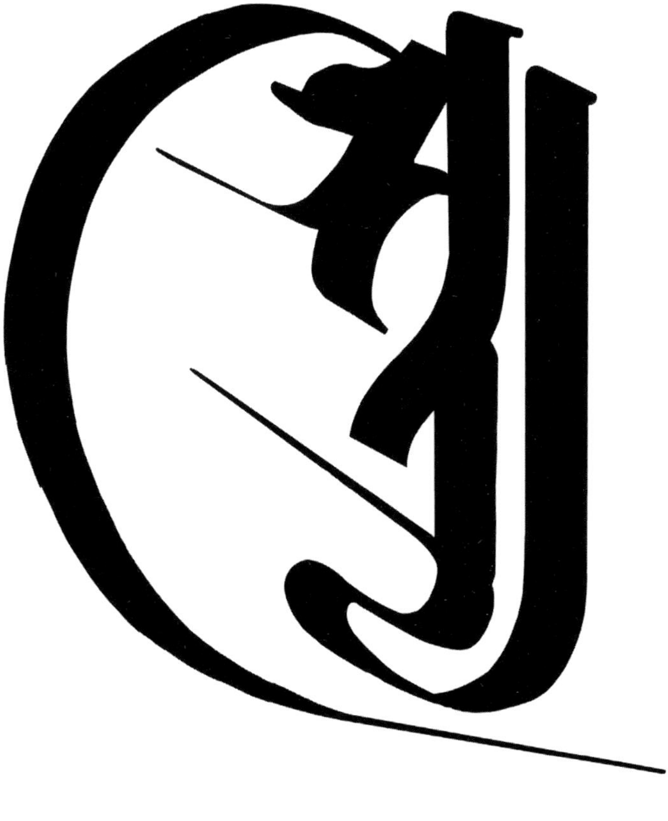

宝篋印陀羅尼經

利社若、リシャヤナ　大般若經

吽

仁王般若經

摩訶迦羅耶、

マカキャラヤ

大黒天

尊勝仏頂

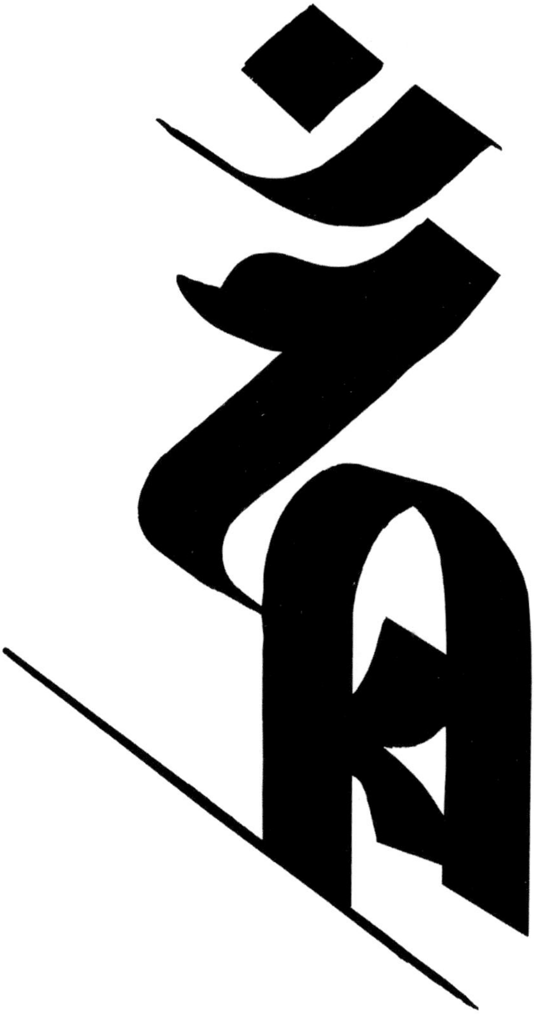

# 第四章

# 悉曇與密教

## 悉曇對密教的發展

在中國，佛教傳入的時期約在西元前二年。中國自後漢時期開始譯佛經，如鳩摩羅什（344-413）所譯的《妙法蓮華經》。在開元三大士：善無畏（637-735）、金剛智（669-741）、不空（705-774）的純密（「金剛界與胎藏界」兩部大法）時期，所依據的佛經原典主要以悉曇書寫。尤其翻譯到有關於陀羅尼與「字母」時，多半會使用梵漢對照，並附列悉曇字。佛經翻譯在玄奘、義淨時期，中國對悉曇的學習與使用頗為盛行，於是有關研究悉曇的著作在此時期頗多流傳。

在日本，悉曇字不僅保存妥善，甚至發展成一門獨特的學問，悉曇學。在日本，密教可分為兩大派，分別是於比叡山建立天台密教（簡稱台密）的最澄（766-822）與於高野山建立真言密教（簡稱東密）的空海（774-835）從中國帶回日本後所開創。而空海大師更被推為請來悉曇的始祖。因此悉曇與密教關係非常密切。

最澄後有圓仁（794-864）和圓珍（814-891）兩位，空海後有常曉（?-866）、圓行（799-852）、慧運（798-871）和宗叡（809-884）四位。此六位與最澄、空海合起來，即是在日本佛教史上極出名的入唐八家。他們自唐取回很多有關密教經典、密教圖像及悉曇文獻等資料，對日本天台和真言兩密教的發展有非常大的貢獻。

當時比較著名的著作有：

- 唐朝，智廣（760-830）的《悉曇字記》。
- 空海（774-835）的《梵字悉曇字母并釋義》。
- 安然（841-915）的《悉曇藏》。
- 唐朝，義淨（635-713）的《梵語千字文》。

## 密教對悉曇的解釋

如同前述，「悉曇」有成就、完成之意。此成就、完成一語，在密教的解釋有其更深之一面。

在《梵字悉曇字母並釋義》[8]中，弘法大師空海也對悉曇有這更深之解釋：「此是文字者，自然道理之所作也。非如來所作，亦非梵王諸天所作。若雖有能作者，如來不隨喜。諸佛如來以佛眼觀察此法然之文字，即如實而說之利益眾生。梵王等傳受轉教眾生，世人但知彼字相，雖日用而未曾解其字義。如來說彼實義，若隨字相而用之，則世間之文字也，若解實義，則出世間陀羅尼之文字也。」

8 大正新脩大藏經第84冊，NO．2701

密教對於將梵字視為只是用來表記語言的記號的看法，認為是世俗和淺略。稱為悉曇的梵字，是能發揮完成、成就之能力，更能表現及顯示佛作佛行。這是密教立場之深義（字義），將此教示人們，給予利益，因此是陀羅尼（總持）之文字。《梵字悉曇字母并釋義》中對陀羅尼也有這解釋：「所謂陀羅尼者，梵語也。唐翻云總持。總者總攝，持者任持。言於一字中，總攝無量教文，於一法中任持一切法，於一義中攝持一切義，於一聲中攝藏無量功德，故名無盡藏。」亦即陀羅尼是一字之中包含無量教（文字），一法之中有一切法（字相），一義之中攝一切義（字義），一聲之中含有無量之功德（聲）。像這樣，一一字含一切義，且互相具特色，此正與曼荼羅諸尊相同，故以悉曇文字表示諸佛菩薩內證自覺的法門。此稱為種子字，以種子字表現的曼荼羅，稱為種子曼荼羅、法曼荼羅。

在密教中，悉曇是表顯佛之活動，是信仰禮拜的對象。書寫在種子曼荼羅、窣塔婆、護摩札等的梵字（字形），口誦的真言陀羅尼（字音），用於道場觀、字輪觀等的觀法的種子真言之意義（字義）等，都是極為普遍見到。亦即在密教強調的身、口、意三密行中，悉曇特別與口密（真言陀羅尼）、意密（道場觀、字輪觀、阿字觀等）有密切關係。因而說悉曇是密教的重要部分並不為過。

# 第五章

# 諸尊種子字及真言

## 書寫前需要留意事項

種子字的梵文為bija，本身意思是植物的種子。密教的見解來說，種子字不單純是書寫文字，還是佛的樣子、姿態，在這點必須謹記。因每一字都是代着一位本尊。本尊的種子字，是取其梵文名的第一個字或本尊的咒的第一字或重要字。本尊的種子字，不一定只得一個，這點大家須留意。

書寫種子字就是將佛代入這些悉曇字上。書寫出來的種子字就是如來、菩薩及明王，信仰禮拜的對象。將人心內的佛表現出來。這代表著寫成的悉曇字佛，能反映出書寫者的心及書寫者如何觀想佛的姿態。

悉曇字是神聖的文字、本尊的文字，任意處理及用輕鬆心情去書寫是不能的。在以前，一定要有長時間修行積累和由師僧人允許的人才能書寫。當然，如果不明白悉曇的深奧意義的人是不會傳授書寫梵字。這是必須嚴格執行的。當書寫者被認可後，在一星期前必須嚴守生活，行動要正確、身心要潔淨。在準備書寫前，也需要有清淨的心及衣著要留意，才能靠向書寫的枱。

但對於一般的人士是不能要求如同修行僧人一樣的做法。所以，我們只要身心潔淨、有真心、在可行的情況下，找到清淨的地方，靜靜地落筆，進入與佛一體的境地便可。

## 書寫的順序

因為是書寫代表本尊的種子字，不可以抱著能書寫便可的想法。當我們對著書寫枱時，思想上要有做佛的準備，通過佛擁有真心，全身全靈地寫出佛的姿態。

基本順序：

一、首先，潔淨室內，環境要整潔。(可點燈、燒香來形做一個書寫的適當環境)

二、服裝要整潔、洗手、漱口，令自己身心潔淨。

三、枱上準備字帖、紙、朴筆、水盆(淨水)、硯、墨、紙鎮及絨布。

四、靜靜地磨墨，統一心情。

五、正坐(正確坐直在椅子上)、調節呼吸、瞑目。

六、合掌三禮。

七、念《心經》。

八、開始書寫。

九、書寫完成、合掌、念回向文。

# 悉曇十不可大事

此出於「悉曇十二通切紙大事」第十一通。

一、於梵字不可燒火斷佛種故也
二、於不淨木石料紙等不可書之也
三、如漢字不可字上書字書殘書滅也
四、外書等中不可交雜梵字梵書也
五、胡亂不可書寫解説於諸法不可成就也
六、不著衣袈裟不可書寫讀誦者也
七、對不信者不可為梵文等不可思議説也
八、有法器者於謦古不可悋惜之也
九、背師説書讀並連聲相通不可生疑也
十、先德聖教師資相承外不可立私義也
右十不可先德所傳也後字堅守者也

# 諸尊種子字的書寫實例

## 十一面觀音

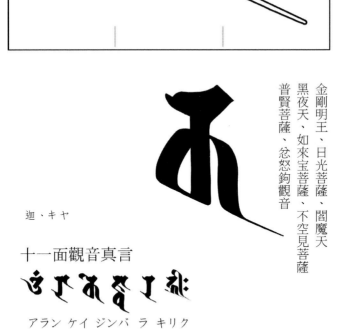

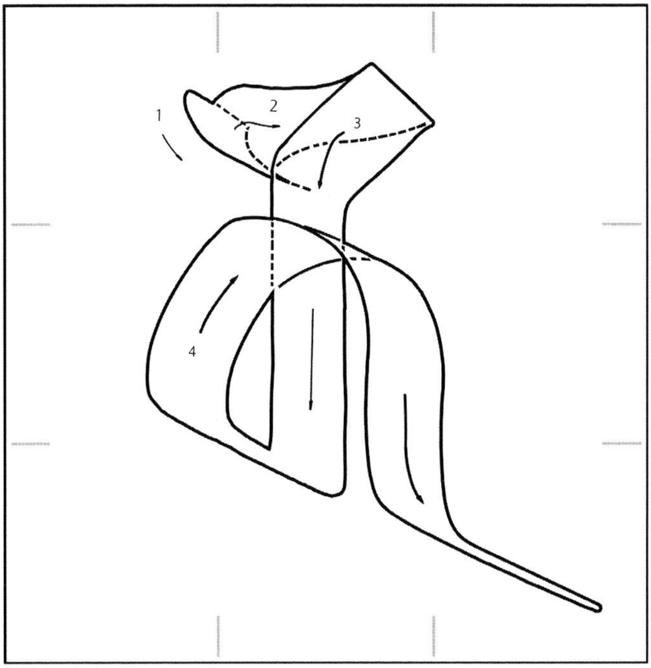


金剛明王、日光菩薩、閻魔天
黑夜天、如來宝菩薩、不空見菩薩
普賢菩薩、忿怒鉤觀音

迦・キヤ

十一面觀音真言

アラン ケイ ジンバ ラ キリク

# 大勢至菩薩

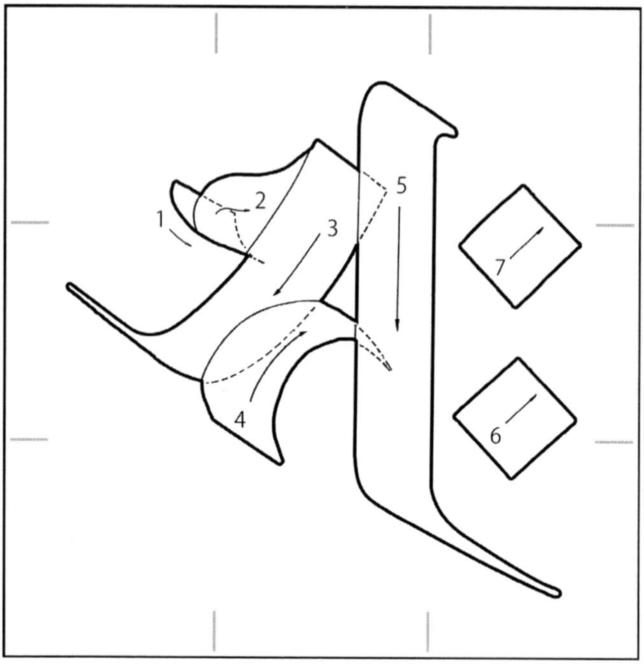


金剛喜菩薩
金剛智三藏
難降伏結護者

索、サク

## 大勢至菩薩真言

サン　ザン　ザン　サク　ソバ　ハ

# 不動明王

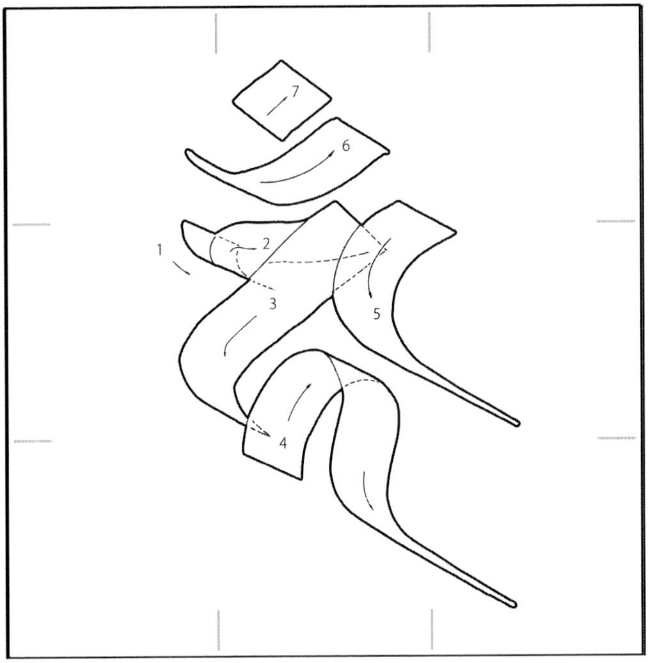

弘法大師
天鼓雷音如來

唅、カン

不動明王真言

ナウ マク サ　マ ンダ バ　ザ ラ ダン セン ダ　マ　ハ

ロ　ンヤ　ダ　ソ ハ タ　ヤ　ウン タ ラ タ　ハン　マン

# 文殊菩薩

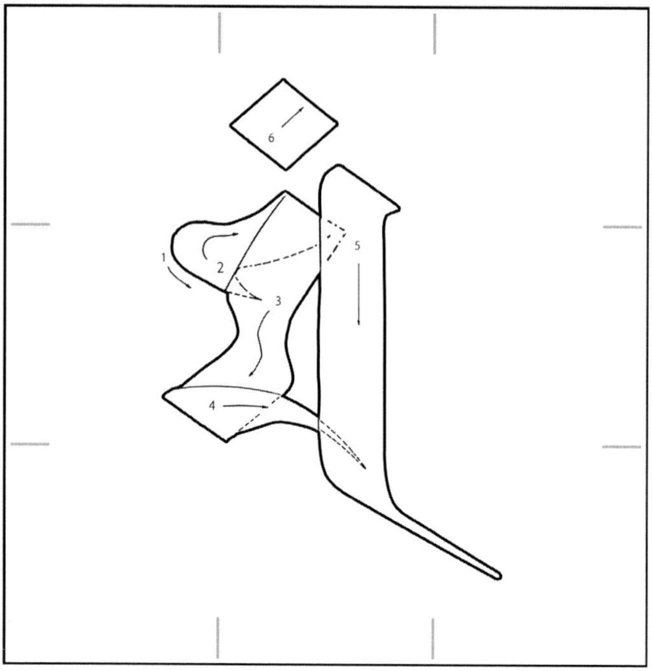


金剛因菩薩
大威德明王
不空三藏
摩利支天
曼荼羅菩薩
妙音菩薩

𤚥、マン

文殊菩薩真言

アラハシヤナウ

# 月天

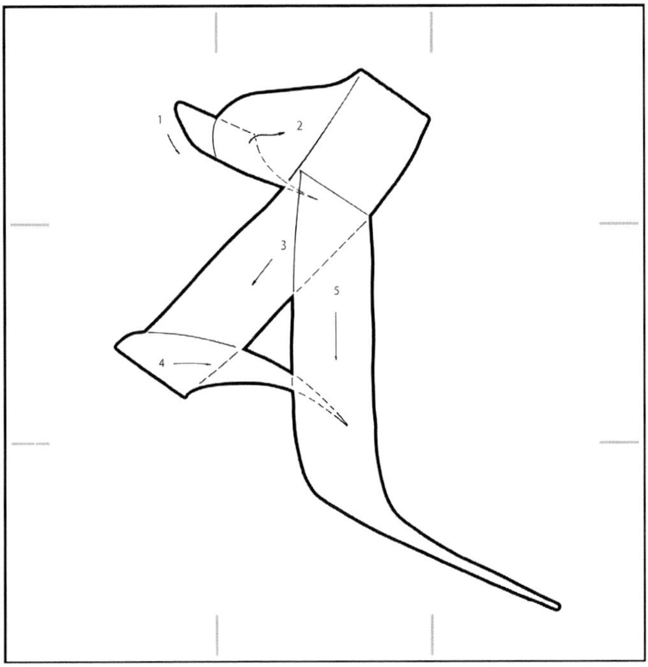


月光菩薩
月曜
共發意転輪菩薩
金剛輪持菩薩
遮文荼

遮、シヤ

## 月天真言

セ ンダラ ハラ バ ヤ ソバ ハ

# 光明真言

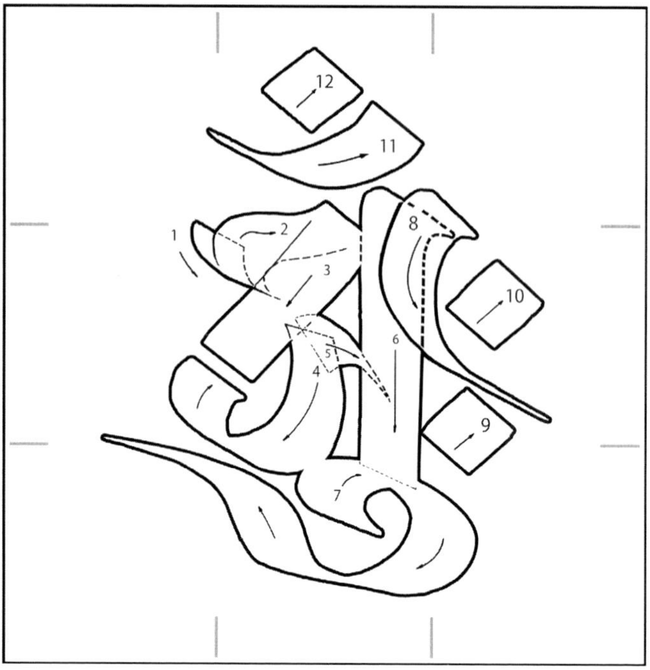


大日如來

アーンク

光明真言

アボキヤベイロシヤナウマハボ

ダラマニハツドマジンバラハラバリタヤウン

# 地藏菩薩

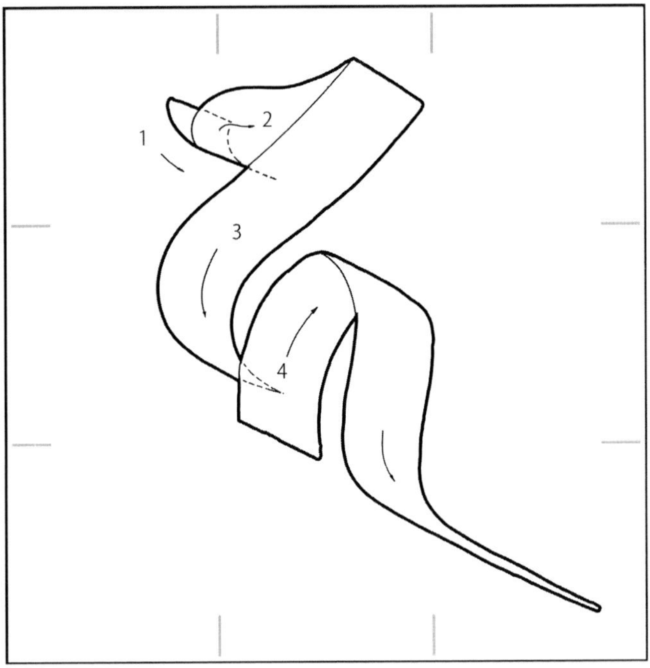


金剛明王
善無畏三藏
風大

賀、カ

地藏菩薩真言

ハ　ハ　ハ　ビ　サンマ　エイ　ソバ　ハ

# 如意輪菩薩

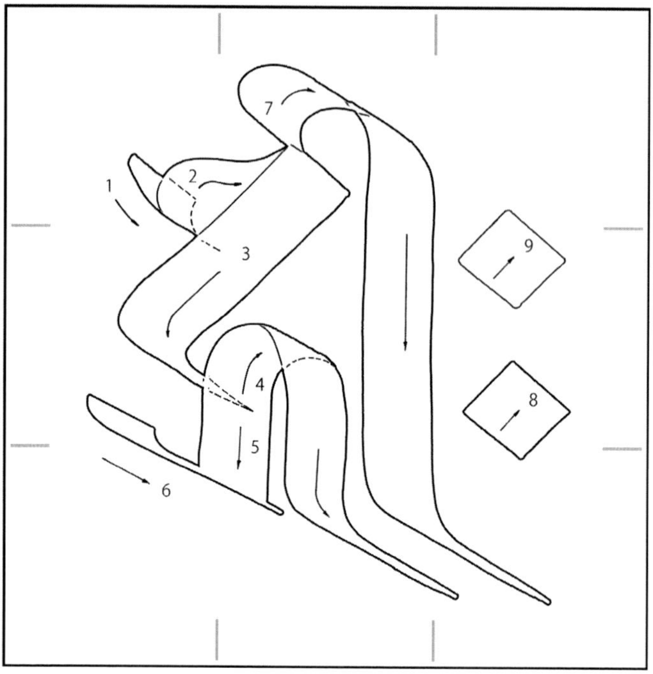


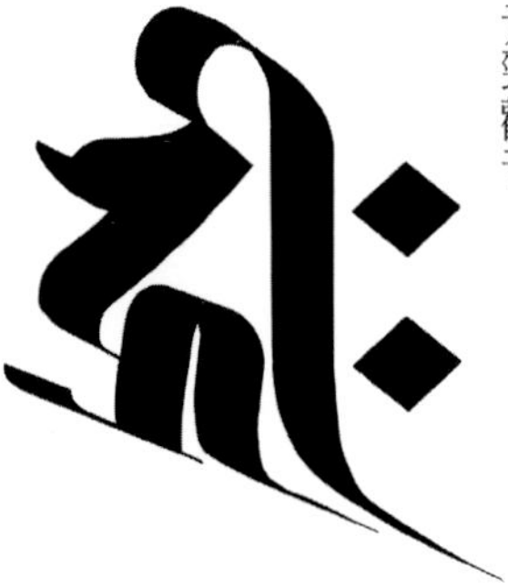

阿彌陀如來、法波羅蜜菩薩
金剛法菩薩、聖觀自在菩薩
降三世明王、千手觀音
十一面觀音、愛染明王
大威德明王、大勝金剛
青頸觀音

紇哩、キリク

如意輪菩薩真言

ハン ドメイ シ ンダ マ ニ ジンバ ラ ウン

# 金大日

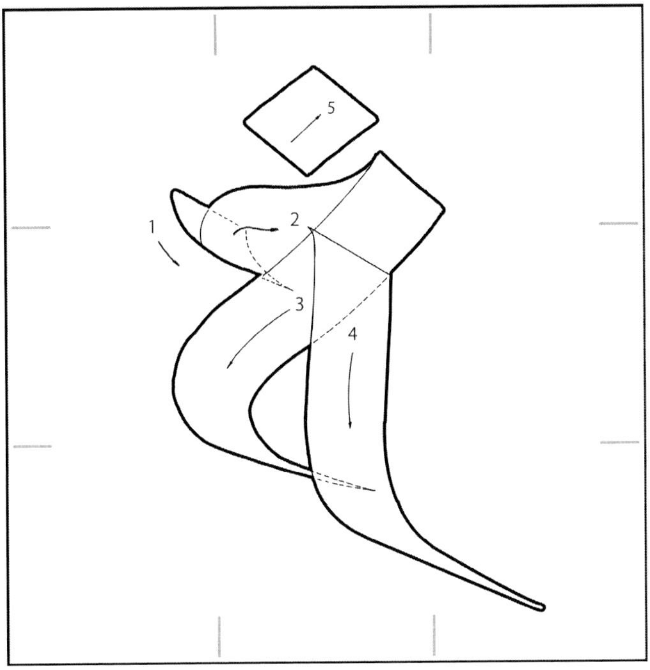


大日如來（金剛界）、弥勒菩薩
開敷華王如來、大随求菩薩
金剛語菩薩、金剛薩埵
金剛夜叉明王、太元師明王
大勝金剛

鑁、バン

## 金大日真言

バ　ザラ　ダ　ト　バン

# 胎大日

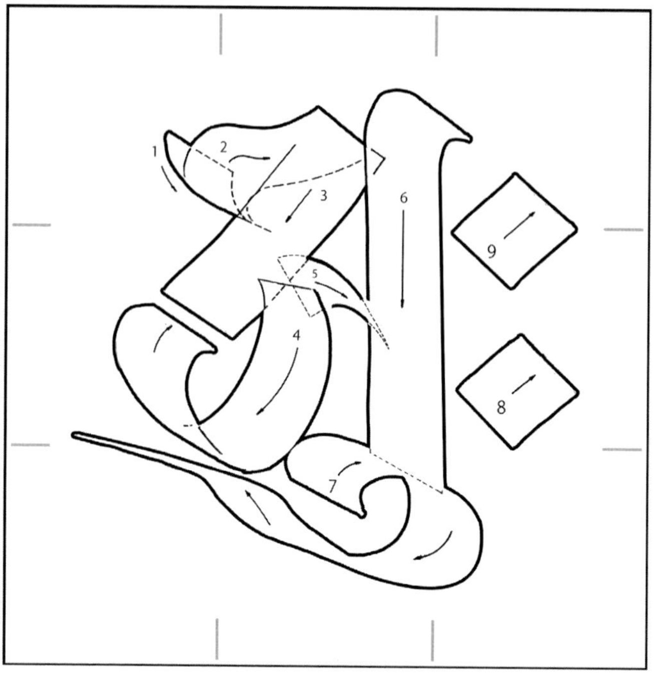


大日如來（胎藏）、龍猛菩薩
地天、水天、多宝如來、日天
諸仏通種子、彌勒菩薩、日曜
降三世明王、文殊菩薩、火天
不空鉤觀音、藥師如來、火曜
忿怒鉤觀音、金剛薩埵

阿、ア

胎 大日真言

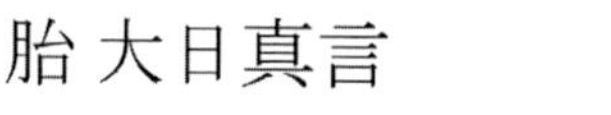

ア ビ ラ ウンケン

# 阿閦佛

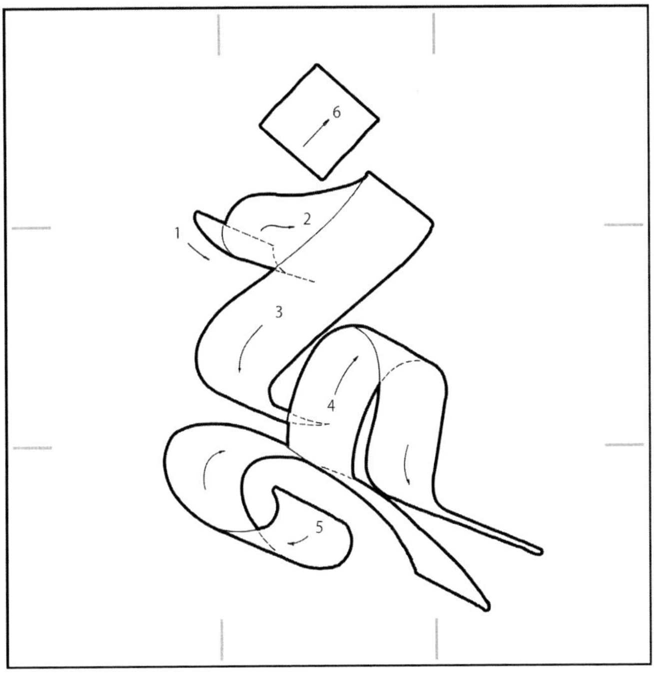


愛染明王、普賢菩薩、不動明王、藥師如來
金剛夜叉明王、大輪金剛菩薩、五秘密
虛空無辺超越菩薩、大威德明王、迦楼羅
金剛鋭菩薩、金剛軍菩薩、大勝金剛
金剛牙菩薩、金剛拳菩薩、馬頭觀音
金剛鉤女菩薩、金剛鑁菩薩、降三世明王
金剛索菩薩、金剛薩埵、烏枢沙摩明王
不空羂索觀音、葉衣觀音
虛空無垢持金剛菩薩

吽、ウン

## 阿閦佛真言

ア　キシエ　ビヤ　ウン

# 般若菩薩

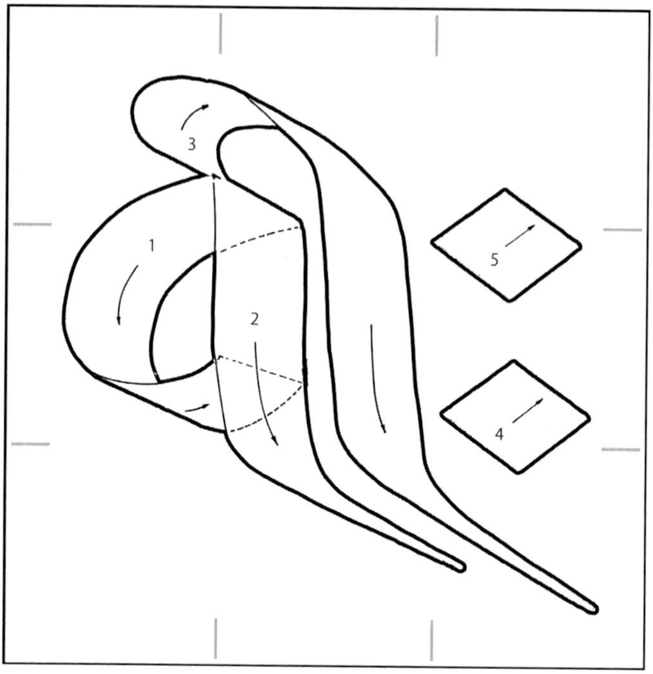

地、チク

般若菩薩真言

チ　シリ　シユロタ　ビ　ジヤ　エイ

サン　ボリジヤ　エイ　ソハ　ハ

# 馬頭觀音

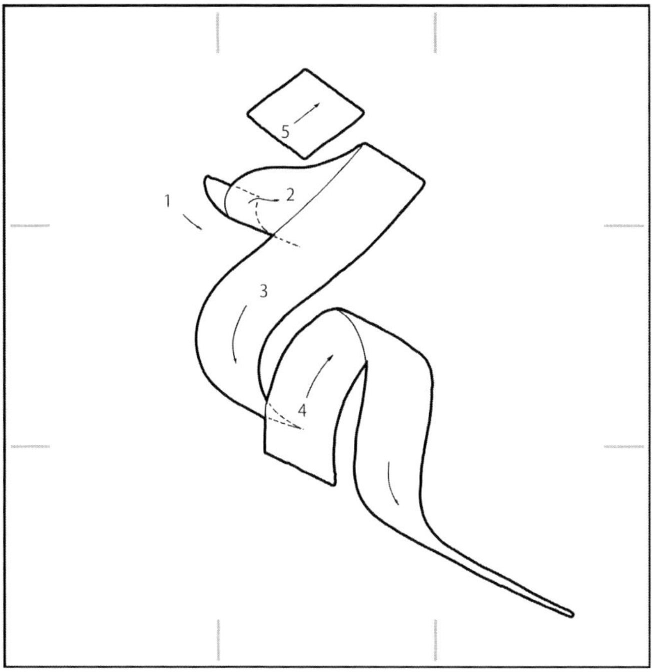


天鼓雷音如來
金剛護菩薩

唅、カン

馬頭觀音真言

ア　ミリ　ト　ドハン　バ　ウン　ハツ　タ

# 普賢菩薩

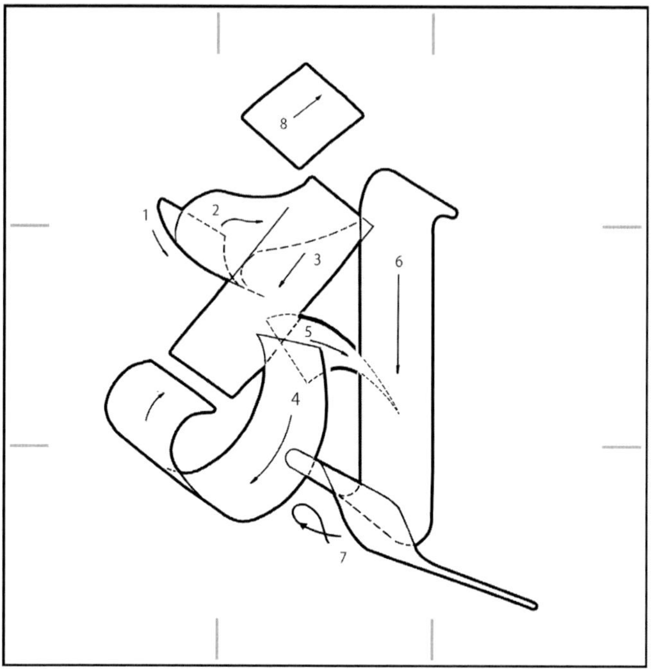

阿弥陀如來、日光菩薩
一切如來智印、文殊菩薩
金剛因菩薩、金剛光菩薩

闇、アン

普賢菩薩真言

サソ　マ　ヤ　サトバン

# 虛空藏菩薩

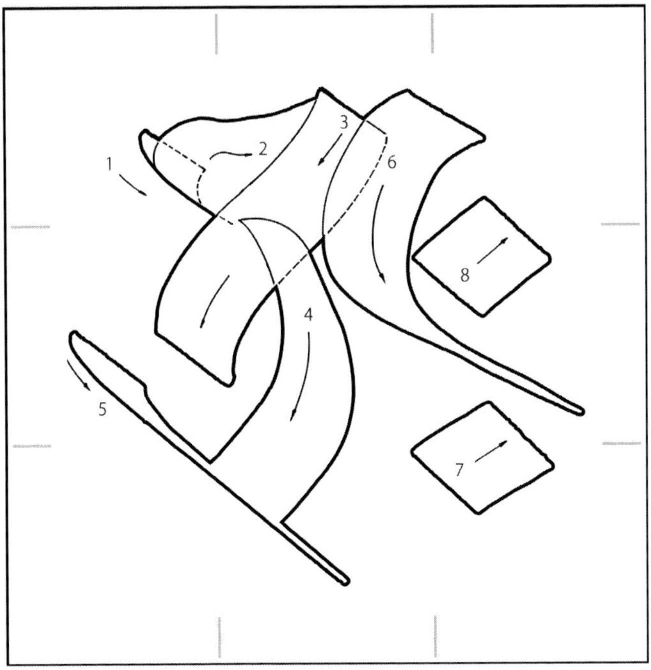


宝金剛菩薩
宝生如來
宝波羅蜜菩薩

怛洛、タラク

虛空藏菩薩真言

ナウ ボ ア キヤ ミヤ ギヤラバ ヤ オン マ

リ キヤ マ リ ボ リ ソバ ハ

# 愛染明王

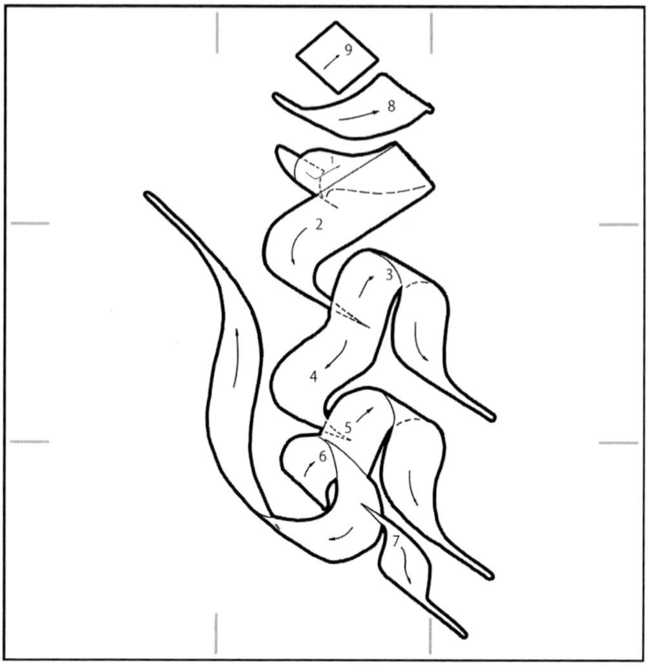


五秘密

吽、ウン

愛染明王真言

マ　ハ　ラ　ギヤ　バ　ゾロ　シユニ　シヤ

バ　ザラ　サ　トバ　ジア　ウン　バン　ホク

## 準提菩薩

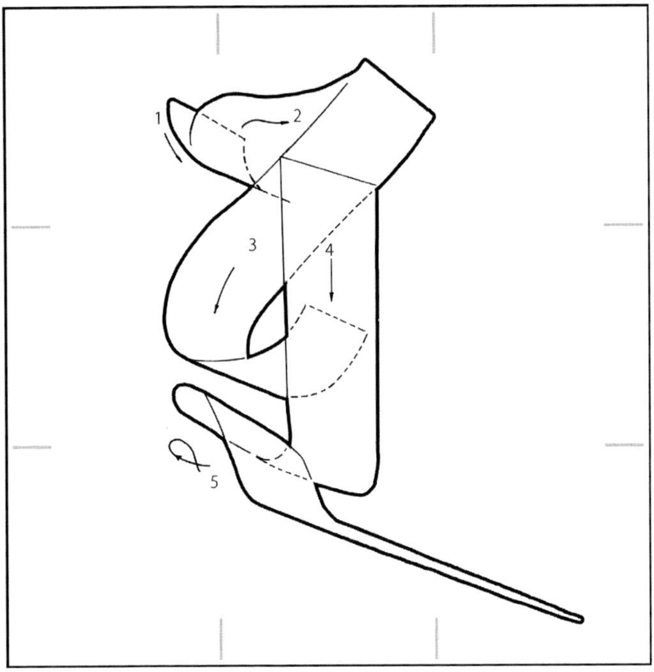


觀自在菩薩
仏眼仏母
水曜

沒、ブ

準提菩薩真言

シヤ　レイ　シュ　レイ　シュン　テイ　ソバ　ハ

# 聖觀音菩薩

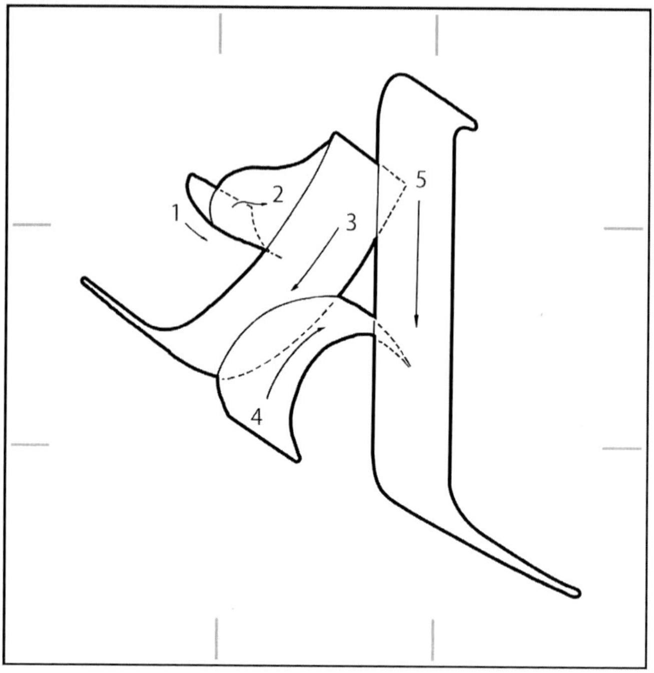


不空鉤觀音、釋迦如來、白衣觀音
忿怒鉤觀音、千手觀音、弁才天
水吉祥菩薩、青頸觀音、常酔天
聖觀自在菩薩、金剛鋭菩薩
不空羂索觀音、金剛王菩薩
不空成就觀音、金剛針菩薩
寂留明菩薩、金剛藏菩薩
觀自在菩薩、葉衣觀音

沙、サ

聖觀音菩薩真言

ア ロ リ キヤ ソバ ハ

# 彌勒菩薩

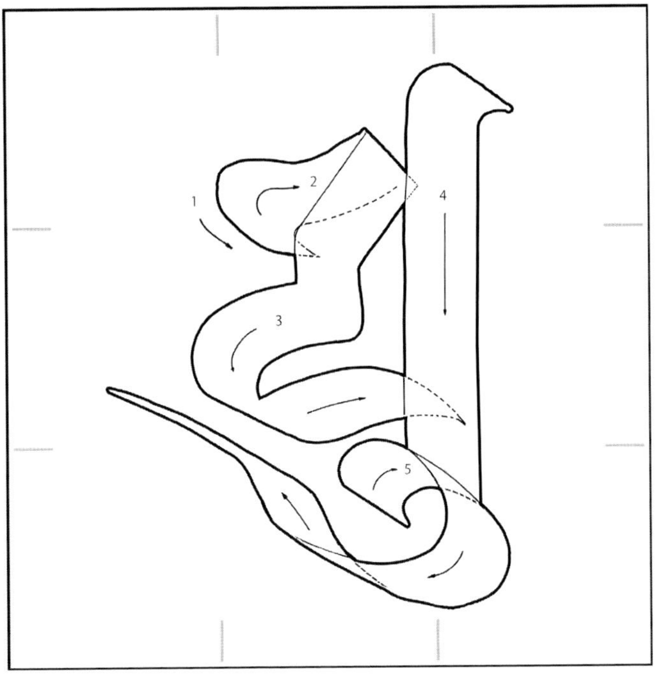

孔雀明王
弘法大師
帝釈天
普賢延命菩薩

瑜、ユ

彌勒菩薩真言

マイ タレイ ヤ ア ソハ ハ

# 薬師

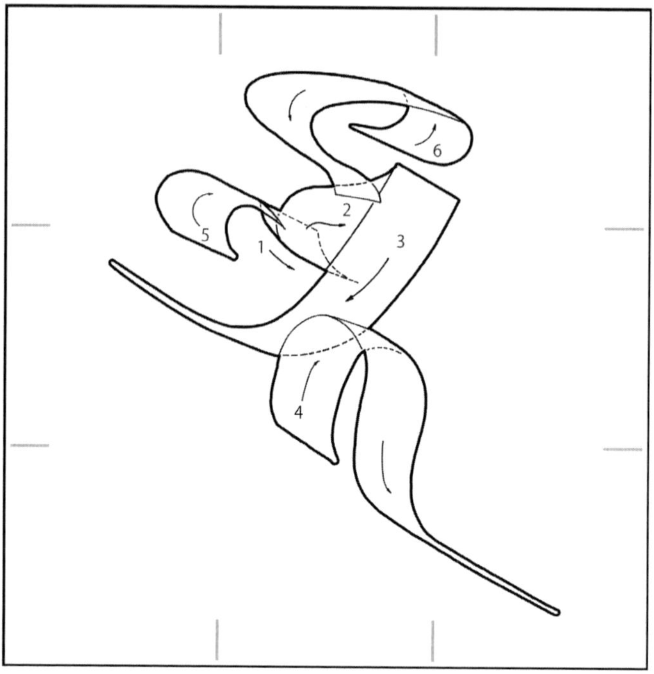


一行阿闍梨

佩、バイ

薬師真言

バイ セイ ゼイ バイ セイ ゼイ バイ

セイ ジヤ サン ボ リギヤ テイ ソバ ハ

# 釋迦如來

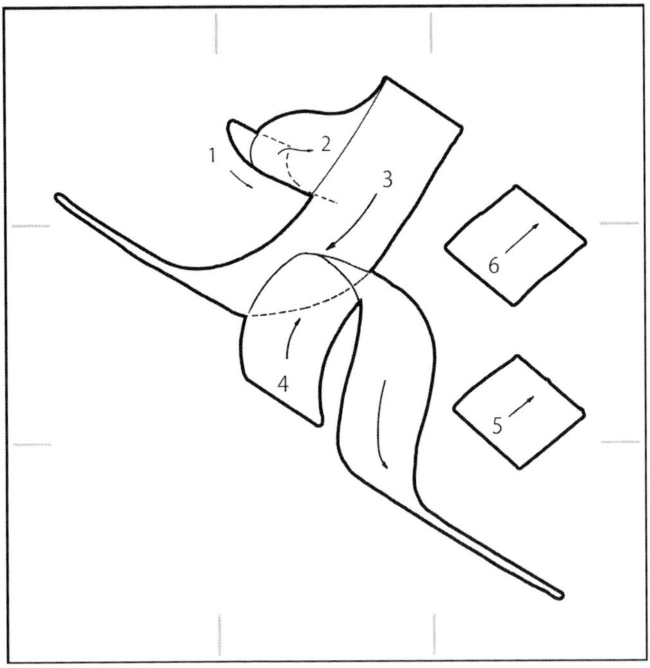

嚩、バク

釋迦如來真言

ナウ　マク　サ　マ　ング

ボ　ダ　ナン　ハク

# 辯才天

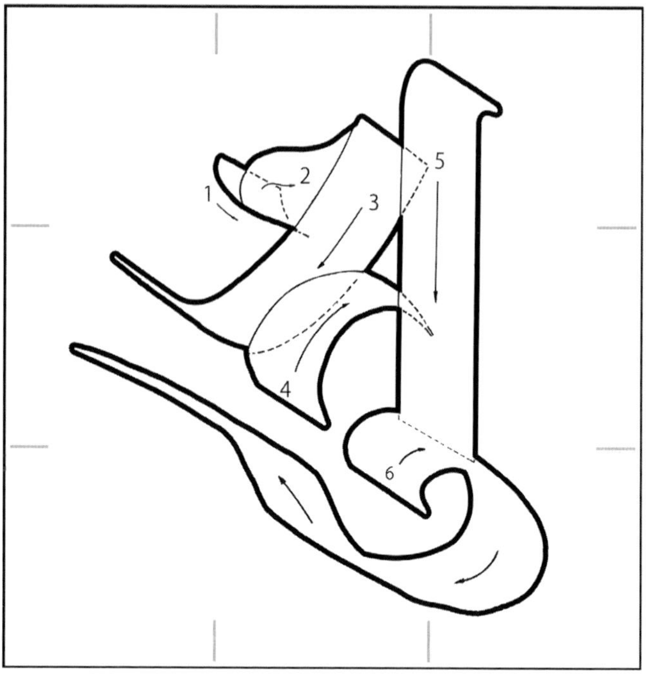


金剛鋭菩薩
愛金剛菩薩
日曜、月曜
金剛針菩薩
妙見菩薩

蘇、ス

辯才天真言

ソ　ラ　ソバ　テイエイソバ　ハ

【金剛界大日如來】バーンク va + vā + vaṃ + vaḥ + vāḥ（vāṃḥ）

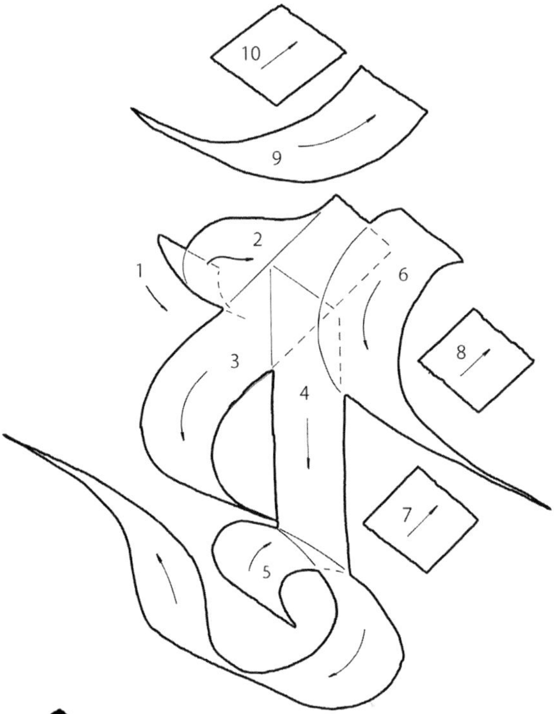

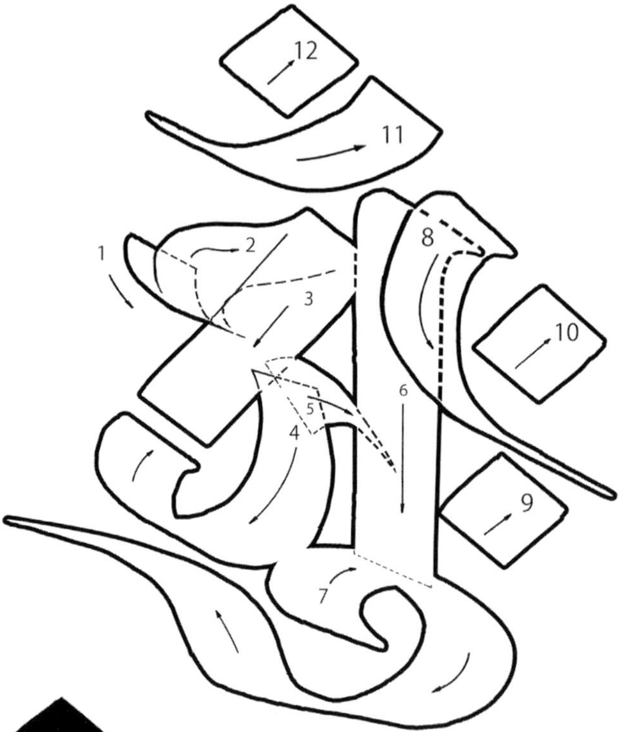

【胎藏界大日如來】アーンク a + ā + aṃ + aḥ + āḥ（āṃḥ）

五点（転）具足阿字

【一字金輪】勃嚕唵　ボロン　bhrūṃ

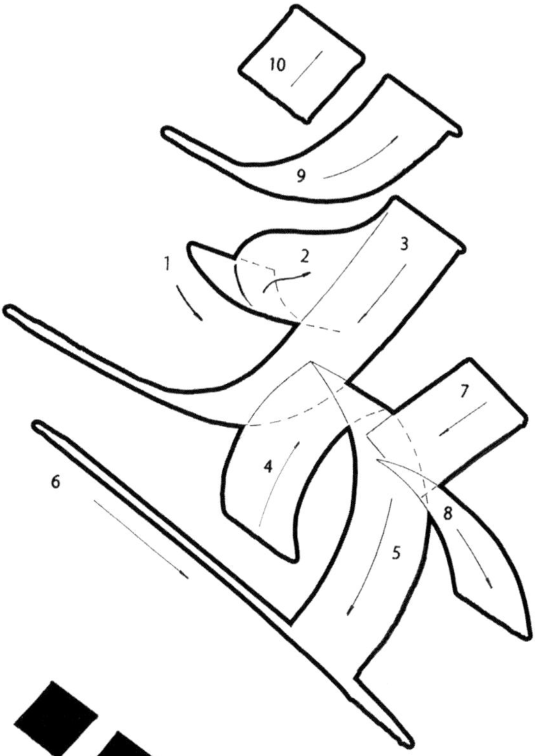

金輪王仏頂
大勝金剛
仏眼仏母

【不動明王】カンアン hāṃ + māṃ（hmmāṃ）

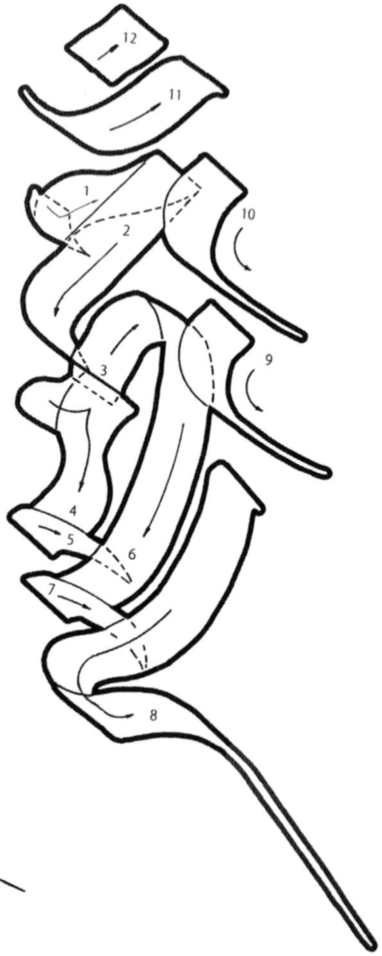


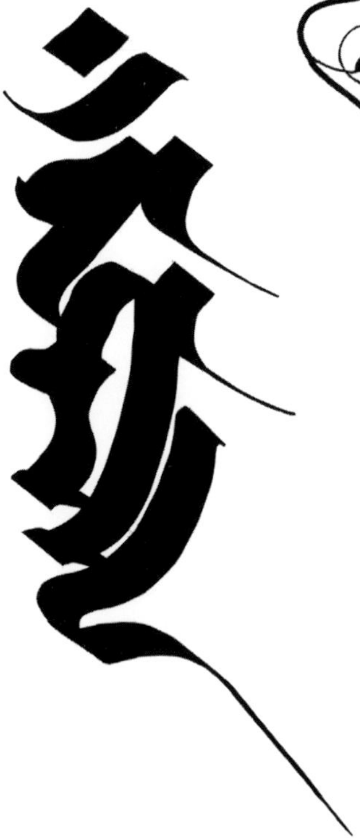

## 【般若菩薩・一】地瞞　ヂクアン（チクアン）dhiḥ + maṃ（dhiḥmaṃ）

般若心經

# 第六章

# 種子字集

金
大日三尊

バン
vaṃ

教令輪降三世

ウン
huṃ

轉法輪金剛薩埵

サトバン
stvaṃ

胎大日三尊

アーク

āḥ

教令輪不動

カンマン

hām+māṃ

轉法輪般若菩薩

ジニャ

jña

阿彌陀三尊

キリク
（キリーク）
hrīḥ

觀音菩薩

サ
sa

勢至菩薩

サク
saḥ

釋迦三尊

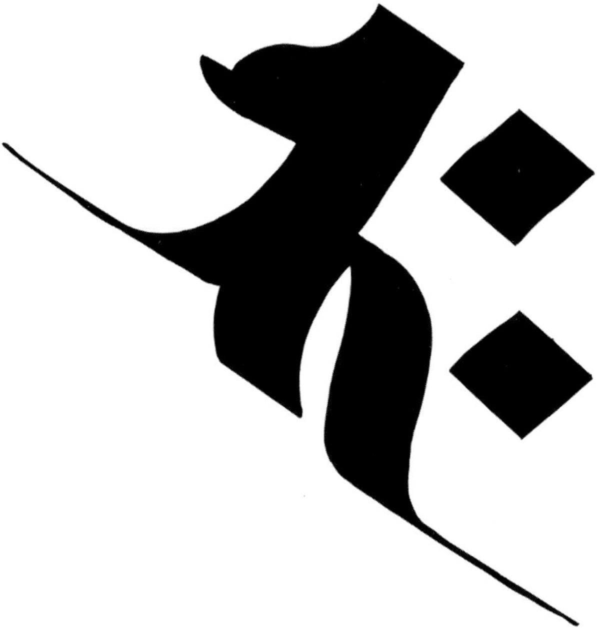

バク
bhaḥ

文殊菩薩

マン
maṃ

普賢菩薩

アン
aṃ

薬師三尊

バイ
bhai

日光菩薩

ア
a

月光菩薩

シヤ
ca

不動三尊

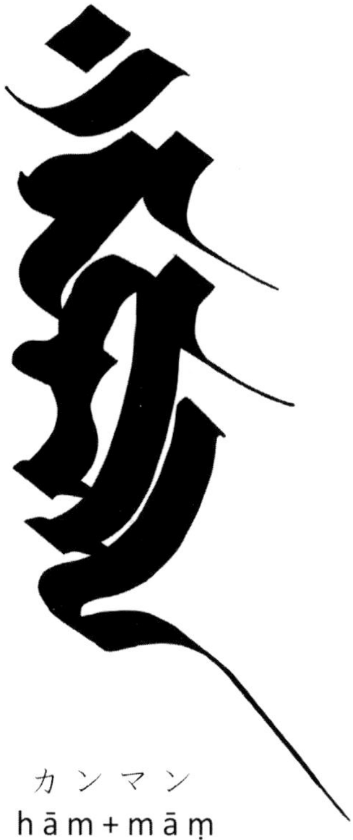

カンマン
hām+māṃ

逝多伽童子

タ
ṭ

金伽羅童子

タラ
tra

愛染三尊

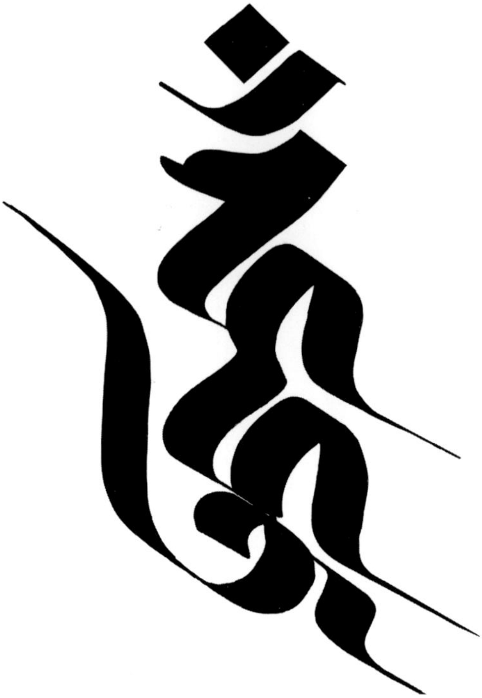

ウーン

hhūṃ

金剛部

ヂ

ddhi

蓮華部

シ

si

毘沙門三尊

ベイ
（バイ）
vai

吉祥天女

シリー
śrī

善日童子

キヤ
ka

# 金剛界卅七尊

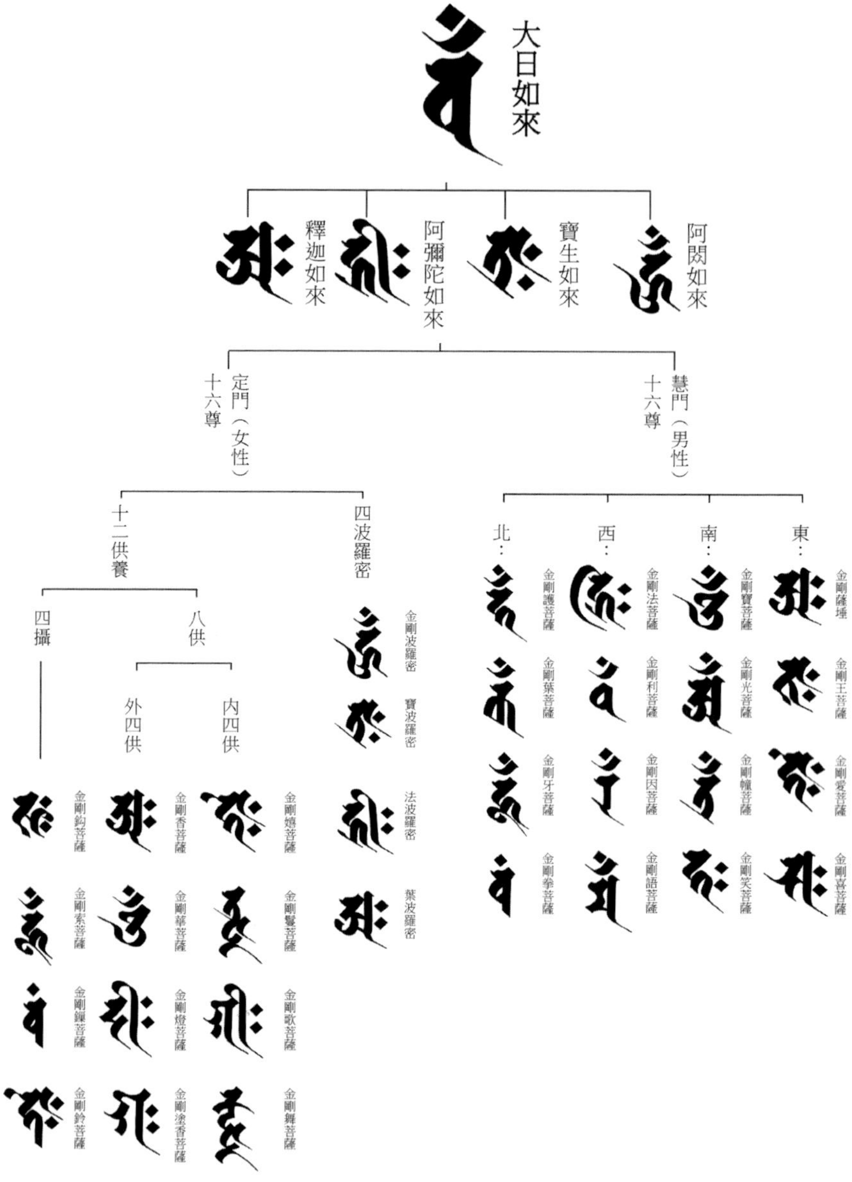


金剛界曼荼羅以九會組織合計有一千四百六十一尊，可是主尊是三十七尊，即有一物必有四種觀察方法，此種巧妙觀察就是三十七尊。

# 菩薩十地之諸配圖

| 三句 | 十地 | 十波羅蜜 | 斷三惑 | 十六大菩薩 |
|---|---|---|---|---|
| 發心：因 | 第一歡喜地 | 檀波羅蜜 | 見惑斷 | 金剛薩埵、金剛王菩薩、金剛愛菩薩、金剛喜菩薩 |
| 修行：根 | 第二離垢地 | 戒波羅蜜 | 修惑斷 | 金剛寶菩薩 |
| | 第三發光地 | 忍波羅蜜 | 修惑斷 | 金剛光菩薩 |
| | 第四炎慧地 | 進波羅蜜 | 修惑斷 | 金剛幢菩薩 |
| | 第五難勝地 | 禪波羅蜜 | 修惑斷 | 金剛笑菩薩 |
| | 第六遠行地 | 慧波羅蜜 | 修惑斷 | 金剛法菩薩、金剛利菩薩 |
| | 第七現前地 | 方波羅蜜 | 修惑斷 | 金剛因菩薩、金剛語菩薩 |
| 菩提：究竟 | 第八不動地 | 願波羅蜜 | 習氣斷 | 金剛葉菩薩、金剛護菩薩 |
| | 第九善慧地 | 力波羅蜜 | 習氣斷 | 金剛牙菩薩 |
| | 第十法雲地 | 智波羅蜜 | 習氣斷 | 金剛拳菩薩 |

# 觀音

六觀音

真言系 ：聖、千手、馬頭、十一面、如意輪、准胝

天台系 ：真言系除去准胝，加不空羂索

七觀音

聖、千手、馬頭、十一面、不空羂索、如意輪、准胝

八大觀音

聖觀音

sa

saḥ　a　mo

jaḥ　bu　hrīḥ

su　ja　ba

千手

hrīḥ

sa

馬頭

haṃ

hūṃ　khaṃ　huṃ

khī　khā　hrīḥ

vī　ha

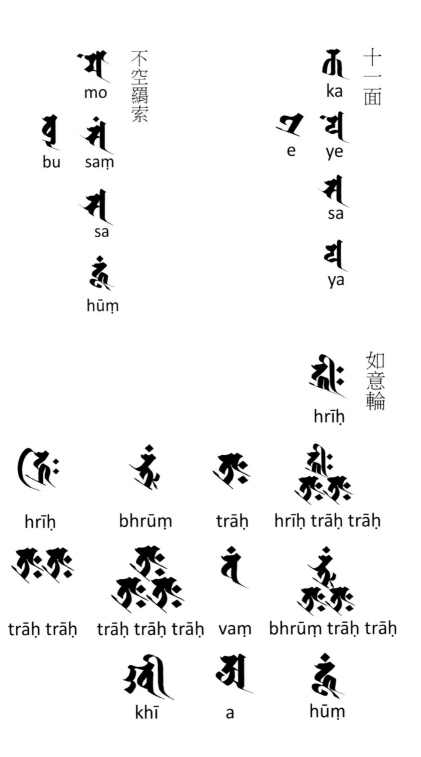

## 十一面

ka

ye e

sa

ya

## 不空羂索

mo

saṃ bu

sa

hūṃ

## 如意輪

hrīḥ

hrīḥ　bhrūṃ　trāḥ　hrīḥ trāḥ trāḥ

trāḥ trāḥ　trāḥ trāḥ trāḥ　vaṃ　bhrūṃ trāḥ trāḥ

khī　a　hūṃ

准胝

bu
ca saṃ aṃ
cu ka bhaḥ
sa oṃ

諸觀音

sa

毘俱胝

bhṛ
trā
traḥ

青頸

sa
hrīḥ
saḥ

多羅

taṃ
tā
tra
traṃ

楊柳

sa
daṃ
hrīḥ

葉衣

sa
pra

水月

sa
da
pa

阿摩提

a
sa

香王

gaṃ

白衣

paṃ
ma ta saṃ
sa na maṃ
taṃ pa

六地藏（1）

黑衣（地獄道） i

枳黑（餓鬼道） ī

天月（畜生道） i

福地（修羅道） ī

書衣（人間道） uṃ

天華（天人道） ha

六地藏（2）

金剛願 i

金剛宝 ī

金剛怒 ra

金剛幢 raḥ

放光 i

預天賀 ha

六地藏（3）

光味地（地獄道） i i

弁尼（餓鬼道） ī kā

護讚（畜生道） ī hi

不休息（修羅道） ha i

讚龍（人間道） ī ī

破勝（天人道） i ha

持地 ṅaṃ

勝軍 baṃ

地藏 ha

ī ī

a kṣa

i hā

ha ha ha

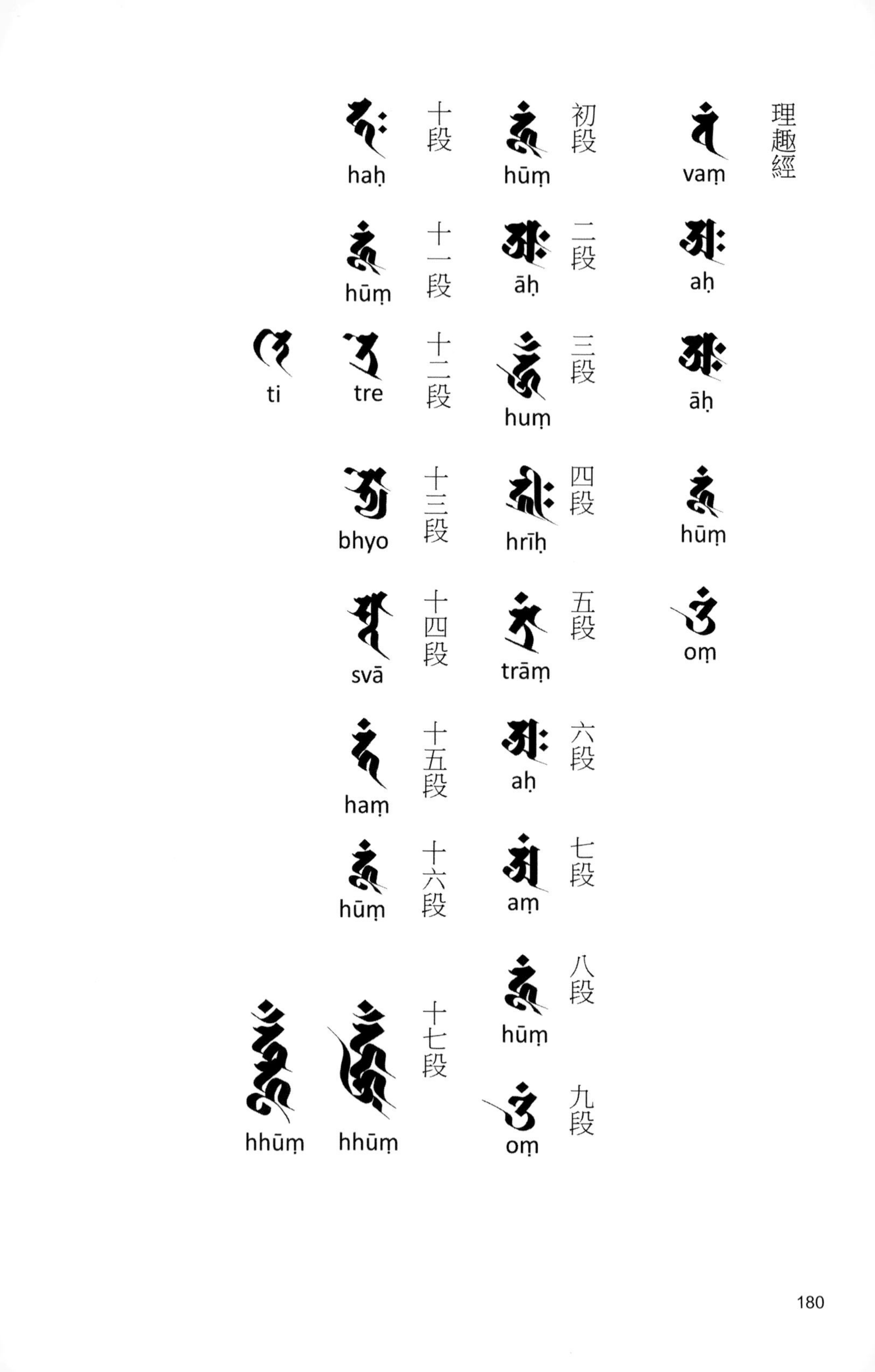

## 理趣經

vaṃ

aḥ

āḥ

hūṃ

oṃ

初段 hūṃ

二段 āḥ

三段 huṃ

四段 hrīḥ

五段 trāṃ

六段 aḥ

七段 aṃ

八段 hūṃ

九段 oṃ

十段 haḥ

十一段 hūṃ

十二段 tre ti

十三段 bhyo

十四段 svā

十五段 haṃ

十六段 hūṃ

十七段 hhūṃ hhūṃ

# 第七章

# 常用陀羅尼及咒

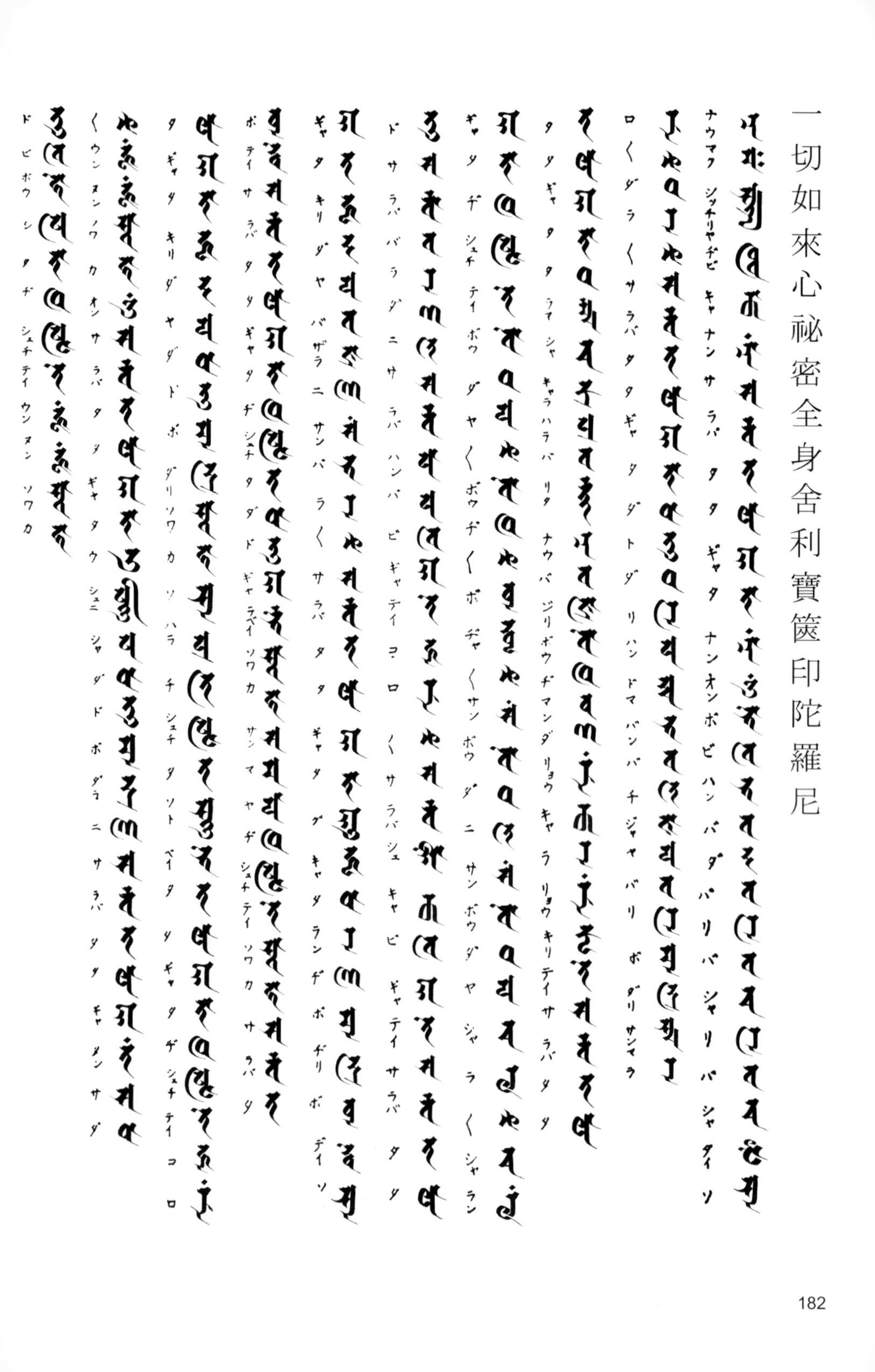

# 一切如來心祕密全身舍利寶篋印陀羅尼

ナウマク シッチリヤヂビ キャナン サ ラバ タ タ ギャタ ナン オン ボ ビ ハン バ ダ バリ バ シャリ バ シャ ダイ ソ

ロ く ダ ラ く サ ラバ タ タ ギャ タ ダ ト ダ リ ハン ドマ バン バ チ ジャ ヤ バ リ ボ ダリ サンマ ラ

タ タ ギャ タ タ ラマ シャ キャラ ハラ バ リタ ナウ バ ジリ ボウ ヂ マン ダ リョウ キャ ラ リョウ キリ テイ サ ラバ タ タ

ギャ タ ヂ シュチ テイ ボウ ダ ヤ く ボウ ヂ く ボ ヂャ く サン ボウ ダ ニ サン ボウ ダ ヤ ジャ ラ く シャ ラン

ド サ ラバ バ ラ ダ ニ サ ラバ ハン バ ビ ギャ テイ コ ロ く サ ラバ シュ キャ ビ ギャ テイ サ ラバ タ タ

ギャ タ キリ ダ ヤ バ ザラ ニ サン バ ラ く サ ラバ タ タ ギャ タ グ キャ タ ラン ヂ ボ ヂリ ボ デイ ソ

ボ テイ サ ラバ タ タ ギャ タ ヂ シュチ タ ダ ド ギャ ラベイ ソワカ サン マ ヤ ヂ シュチ テイ ソワカ サ ラバ タ

タ ギャ タ キリ ダ ヤ ダ ド ボ ダリ ソワカ ソ ハラ チ シュチ タ ソト ベイ タ タ ギャ タ ヂ シュチ テイ コ ロ

く ウン ヌン ノウ カ オン サ ラバ タ タ ギャ タ ウ シュニ シャ ダ ド ボ ダラ ニ サ ラバ タ タ ギャ タン サ ダ

ド ビ ボウ シ タ ヂ シュチ テイ ウン ヌン ソワカ

①

Namas try-adhvikānāṃ sarva-tathāgatānāṃ, Oṃ, bhuvi-bhavana-vari vācāli vācāṭai suru suru dhara dhara sarva-tathāgata-dhātu-dhari padmaṃ bhavati jaya-vari mudri smara tathāgata-dharma-cakrapravartana-vajri bodhi-maṇḍalālaṃkārālaṃkṛte sarva-tathāgatādhiṣṭhite bodhaya bodhaya bodhi bodhi buddhya buddhya saṃbodhani saṃbodhaya cala cala calantu sarvāvaraṇāni sarva-pāpa-vigate huru huru sarva-śoka-vigate sarva-tathāgata-hṛdaya-vajrāṇi saṃbhara saṃbhara sarva-tathāgata-guhya-dhāraṇi mudri buddhe subuddhe sarva-tathāgatādhiṣṭhita-dhātu-garbhe svāhā, samayādhiṣṭhite svāhā, sarva-tathāgata-hṛdaya-dhātu-mudri svāhā, supratiṣṭhita-stūpe tathāgatādhiṣṭhite huru huru hūṃ hūṃ svāhā, Oṃ sarva-tathāgatoṣṇīṣa-dhātu-mudrāṇi sarva-tathāgata-dhātu-vibhūṣitādhiṣṭhite hūṃ hūṃ svāhā.

②

那莫　悉怛哩野(四合)地尾(二合)迦南(引)　薩婆怛他(引)蘗多南　唵　部尾婆嚩娜嚩唎　嚩者梨　嚩者穌　祖魯　祖魯　馱囉　馱囉　薩嚩怛他(引)蘗多馱(引)覩馱梨　鉢躡𤚥(二合)婆嚩底　惹也嚩梨　畝怛梨(二合)　薩麼(二合)囉　怛他蘗多達摩斫迦囉(二合)鉢囉(二合)靺栗哆(二合)娜　嚩日羅(二合)冒(引)地滿拏楞迦(引)囉(引)　楞訖哩(二合)諦　薩嚩怛他(引)蘗多(引)地瑟恥(二合)諦　冒(引)馱野　冒(引)馱野　冒(引)地　冒(引)地　沒敦　沒敦　參冒(引)馱儞　參冒(引)馱野　者攞　者攞　者攞　者懶覩　薩嚩(引)嚩囉拏儞　薩嚩播(引)波尾蘗帝　戶嚕　戶嚕　薩嚩戍(引)迦弭蘗帝　薩嚩怛他(引)蘗多紇哩(二合)娜野嚩日羅(二合)抳　參婆囉　參婆囉　薩嚩怛他蘗多麌呬野(二合)馱(引)囉抳　畝涅梨(二合)

沒悌 蘇沒悌 薩嚩怛他引 蘖多引 地瑟恥二合 多馱覩蘖陛 娑嚩二合賀引 參摩耶引 地瑟恥二合 帝娑嚩二合訶引 薩嚩怛他引 蘖多引 訖哩二合 娜野馱覩畒捺犁二合 娑嚩二合 訶引 蘇鉢囉二合 底瑟恥二合 多薩覩二合閉 怛他引 蘖多引 地瑟恥二合 帝 戸嚕 戸嚕 吽引 吽引 娑嚩二合 訶引 唵薩嚩怛他引 蘖多塢瑟抳二合 沙馱覩畒捺囉二合 尼 薩嚩怛他引 蘖單 娑馱覩尾部使多引 地瑟恥二合 帝 吽吽 娑嚩二合 訶引 （不空訳「一切如來心秘密全身舍利宝篋印陀羅尼經」）

註：

① 羅馬併音　② 漢字音寫

參考資料：

- 《大正新脩大藏經》，第19冊第1022《一切如來心秘密全身舍利宝篋印陀羅尼經》
- 種智院大學，《梵字大鑑》（1983），法藏館。

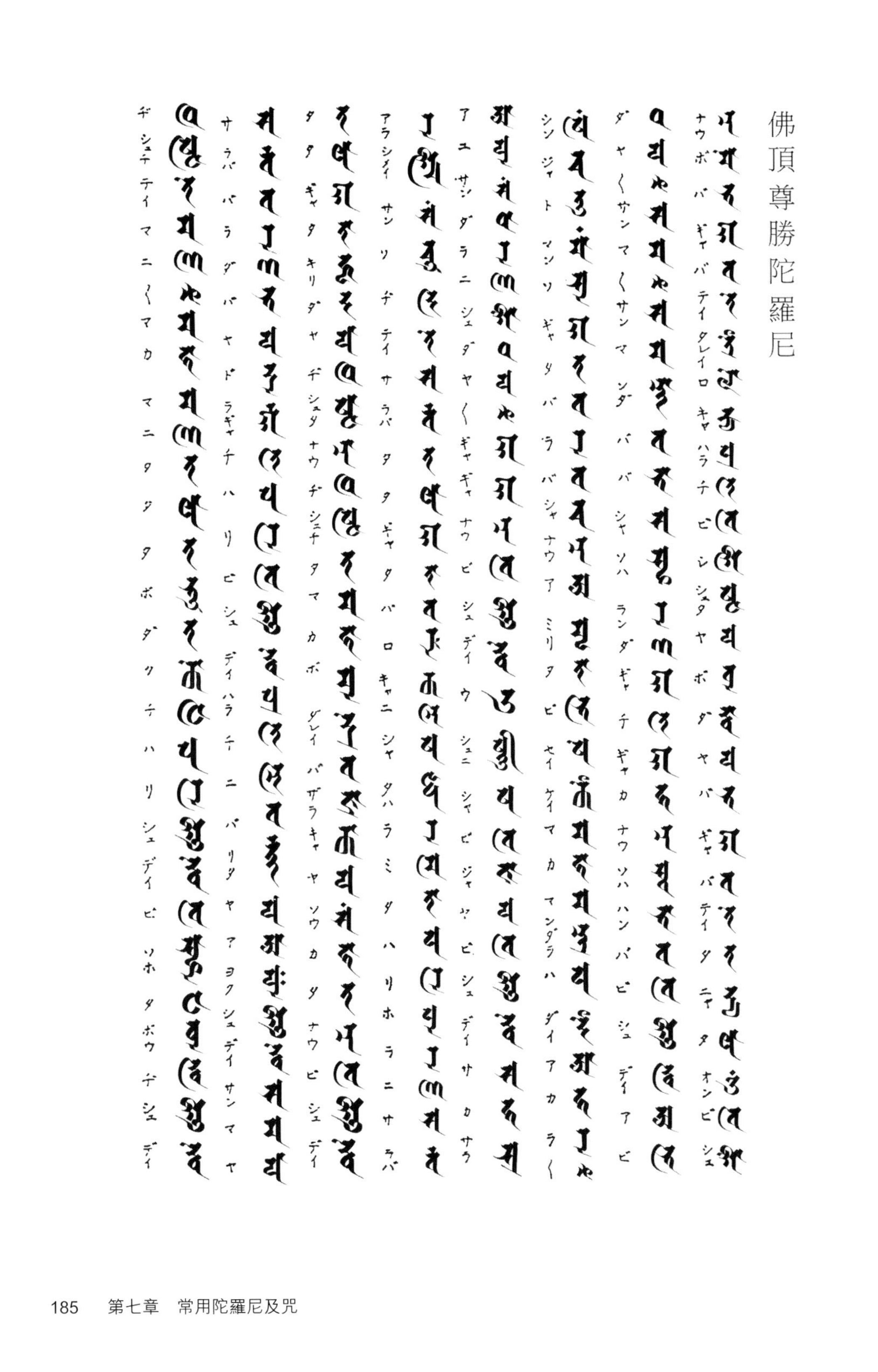

# 佛頂尊勝陀羅尼

ナウボバギャバテイタレイロキャハラチビシシュタヤボダヤバギャバテイタニャタオンビシュ

ダヤ〻サンマ〻サンマンダババシャソハランダギャチギャカナウソハハンバビシュディアビ

シンジャトマンソギャタバラバシャナウアミリタビセイケイマカマンダラハダイアカラ〻

アユサンダラニシュダヤ〻ギャギャナウビシュデイウシュニシャビジャヤビシュデイサカサラ

アラシメイサンソチテイサラバタタギャタバロキャニシャタハラミタハリホラニサラバ

タタギャタキリダヤヂシュタナウヂシュチタマカボダレイバザラキャヤソウカタナウビシュデイ

サラババラダバヤドラギャチハリビシュデイハラチニバリタヤアヨクシュデイサンマヤ

ヂシュチテイマニ〻マカマニタダタボダクチハリシュデイビソホタボウヂシュデイ

ジャヤ〈 ビジャヤ〈 サンマラ〈 サラバ ボダ デシュチ タ シュデイ バジリ バザラ ギャラベイ バザラン バン

バトママ 稱行者名 隨事求請 シャリ ランサ ラバ サ トバ ナン シャキャ ヤ ハ リビ シュデイ サ ラバギャチ

ハリ シュデイ サ ラバ タ タ ギャ タ シャシャメイ サンマ ジンバ サ エン ドウ サ ラバ タ タ ギャ タ サンマ ジンバサ

ヂシュチ テイ ボウヂヤ〈 ビ ボウヂヤ〈 ボウダヤ〈 ビ ボウダヤ〈 サンマ ンダ ハリ シュデイ サ ラバ

タ タ ギャ タ キリ ダ ヤ ヂシュタ ナウ チシュチ タ マ カ ボ ダレイ ソワカ

①

Namo bhagavate trailokya-prativiśiṣṭāya buddhāya (bhagavate), tad yathā, Oṃ viśodhaya viśodhaya(a)sama-(sama)-samantāvabhāsa-spharaṇa-gati-gahana-svabhāva-viśuddhe, 'bhiṣiñcatu māṃ sugata-vara-vacanāmṛtābhiṣekair mahāmantra-padair āhara āhara āyuḥsaṃdhāraṇi śodhaya śodhaya gagana-viśuddhe uṣṇīṣa-vijaya-viśuddhe sahasra-raśmi-saṃcodite sarva-tathāgatāvalokani ṣaṭpāramitā-paripūraṇi sarva-tathāgata-hṛdayādhiṣṭhānādhiṣṭhite mahāmudre vajra-kāya-saṃhatanaviśuddhe sarvāvaraṇa-bhaya-durgati-pariviśuddhe pratinivartaya āyuḥ-śuddhe samayādhiṣṭhite maṇi maṇi mahāmaṇi tathatā-bhūtakoṭi-pariśuddhe visphoṭa-buddhi-śuddhe jaya jaya vijaya vijaya smara smara sarva-buddhādhiṣṭhita-śuddhe vajre vajra-garbhe vajraṃ bhavatu mama śarīraṃ sarva-sattvānāṃ ca kāya-pariviśuddhe sarva-gati-pariśuddhe sarva-tathāgatāś ca me samāśvāsayantu sarva-tathāgata-samāśvāsādhiṣṭhite budhya budhya vibudhya vibudhya. bodhaya bodhaya vibodhaya vibodhaya samanta- pariśuddhe sarva-tathāgata-hṛdayādhiṣṭhānādhiṣṭhita-mahāmudre svāhā.

②

曩謨(引)婆(去引)誐嚩帝(引)怛嚩(二合引)路枳也(二合)鉢羅(二合)底尾始瑟吒(二合)野 沒馱(引)野 婆誐嚩帝(引)怛儞也(二合)他(引)唵(引)尾戍(引)馱野 尾戍(引)馱野 娑(上)麼(鼻)娑麼三(去)滿跢(去引)嚩婆(去引)娑娑頗(二合)囉拏(鼻)誐底誐賀曩娑嚩(二合)婆(去引)嚩尾秫第 阿(上鼻)詵左都 鋡(引)素誐跢嚩囉嚩左曩(引)阿蜜嘌(二合)哆(鼻)矖(引)罽(引)摩賀

引曼怛囉二合跛乃引 阿去引賀囉 阿去引賀囉阿去引庾散馱引囉柅 戍引馱野 戍引馱野 誐誐曩尾秫第
鄔瑟抳二合引灑尾惹野尾秫第 娑賀娑囉二合囉濕茗二合散祖儞帝 薩囉嚩二合怛他去引誐路嚩路引迦
顊沙上吒播二合引囉弭哆去引跛哩布引囉抳 薩囉嚩二合怛他去引誐哆紇哩二合娜野引地瑟姹二合曩引地
瑟耻二合多 摩賀引母捺哩二合引嚩日囉二合迦引野僧賀多上曩尾秫弟 薩囉嚩二合引嚩囉拏鼻引播野訥
蘗槩底跛哩尾秫弟 缽囉二合底去顊韈路二合野 阿引欲秫第 三去摩野引地瑟耻二合帝 麼柅 麼柅 摩
賀引麼柅 怛闥去引路去引部多句引致跛哩秫弟 尾娑普二合吒沒地秫弟 惹野 惹野 尾惹野 尾惹野
娑麼二合囉 娑麼二合囉 薩囉嚩沒馱引地瑟耻二合多秫弟 嚩日哩二合嚩日囉二合蘗陛 嚩日囕二合引婆
去引嚩覩 麼麼（稱名） 設哩嚂薩囉嚩二合薩怛嚩二合引難上引左 迦引野跛哩尾秫第 薩囉嚩二合誐底
跛哩秫第 薩囉嚩二合怛他蘗多去引室 者二合銘 三去麼引濕嚩二合引娑琰覩 薩囉嚩二合怛他去引蘗多
三去麼引濕嚩二合娑去引地瑟耻二合帝 沒地野二合沒地野二合尾沒地野二合尾沒地野二合冒馱野 冒馱
野 尾冒馱野 尾冒馱野 三去滿路跛哩秫第 薩囉嚩二合怛他去引蘗哆紇哩二合娜野引地瑟姹二合曩地
瑟耻二合多摩賀引母捺哩二合 娑嚩二合引賀引（「仏頂尊勝陀羅尼加字具足本」）
槩

註：
①羅馬併音　②漢字音寫

參考資料：
- 種智院大學，《梵字大鑑》（1983），法藏館。

# 千手千眼觀自在菩薩廣大圓滿無礙大悲心陀羅尼

ナウボウアラタンナウ タラ ヤ ヤ ナウ マク アリヤ バ ロ キ テイ ジンバ ラ ヤ ボウ ジ サ トバ ヤ マ カ サ トバ ヤ

マ カ キャ ロ ニ キャ ヤ オン サ ラバ バ エイ シュ タラ ダ キャ ラ ヤ タ スメイ ナウマ ソキリタバ イ マン アリヤ

バ ロ キ チイ ジンバ ラ タ バ ニ ラ ケ ンタ ナウ マク キリ ダ ヤ マ バ リ タ イ シャ ミ サ ラバ アラタ サ ダ

ナン シュ バン ア ゼイ エン サ ラバ ブ タ ナン バ バ マ ラギャビ シュ ダ カン タ ニャ タ オン ア ロウ ケイ ア ロウ

キャ マ ケ ロウキャ ケ キャラテンチイ ケイ ケイ カ レイ マ カ ボウ ジ サ トバ サンマ ラ サンマ ラ キリ ダ ヤ ク ロ ク

ロ キャ ラテン サ ダ ヤ サ ダ ヤ ド ロ ド ロ ビ ジャ エンテイ マ カ ビ ジャ エンテイ ダ ラ ダ ラ ダ

リ ンドレ シュバ ラ シャ ラ シャ ラ ア マ ラ ビ マ ラ ア マ ラ ブ ダテイ エイ ケイ キ ロ ケ シュバ ラ ラ ガ

ビシビナシャヤ ドベイシャビ シャビナシヤ モウカシャラビ シャビナシャヤ コロコロ
マラ コロカレイ ハンドマナバ サラサラ シリシリ ソロソロ ボウヂヤボウナヤボウダ
ヤ ボウダヤ マイトリヤ ニラケンタ ダラシャナ キヤマシャ ダラシャナン ハラカラダヤ マナ
ソワカ シッダヤ ソワカ マカシッダヤ ソワカ シッダユゲイシュバラヤ ソワカ ニラケンタヤ
ソワカ バラカブキャ ソウカブキャヤ ソワカ サラバ マカシッダヤ ソワカ ハンドマカ
シタヤ ソワカ シャキャラユクタヤ ソワカ シャウキャシャブダネイ ボウダナウヤ ソワカ マカラクタダ
ラヤ ソワカ バマソケンダジシャシチタ キリシュナジナヤ ソワカ ビヤギャラシャラマニバサナヤ
ソワカ ナウボウアラタンナウトラヤヤ ナウマクアリヤ バロキテイ ジンバラヤ ソワカ シッデントウ マンタラパ
ダヤ ソワカ

①

Namo ratnatrayāya, nama āryâvalokiteśvarāya bodhisattvāya mahāsatvāya mahākāruṇikāya, Oṃ sarvabhayeṣu trāṇa-karāya tasmai namaskṛtvā idaṃ āryâvalokiteśvara-tavo-nīlakaṇṭha-nāma-hṛdayam āvartayiṣyāmi sarvârthasādhanaṃ śubham ajeyaṃ sarvabhūtānāṃ bhava-mārga-viśodhakaṃ, tad yathā, Oṃ ālok ālokamati lokâtikrānte he he hare mahābodhisattva smara smara hṛdayaṃ kuru kuru karmaṃ sādhaya sādhaya dhuru dhuru vijayante mahāvijayante dhara dhara dharendreśvara cala cala amala vimala amala-mūrte ehy ehi lokeśvara rāgaviṣaṃ vināśaya dveṣa-viṣaṃ vināśaya mohacala-viṣaṃ vināśaya huru huru malaṃ huru hare padmanābha sara sara siri siri suru suru budhya budhya bodhaya bodhaya maitreya nīla-kaṇṭha(darśana-)kāmasya darśanaṃ prahlādayamāna svāhā, siddhāya svāhā, mahāsiddhāya svāhā, siddha-yogeśvarāya svāhā, nila-kaṇṭhāya svāhā, varāhamukha-siṃhamukhāya svāhā, (sarvamahāsiddhāya svāhā) padma-hastāya svāhā, cakra-yuddhāya svāhā, śankha-śabdane bodhanāya svāhā, mahālakuṭa-dharāya svāhā, vāma-skandha-diśa-sthita-kṛṣṇa-jināya svāhā, vyāghra-carma-nivasanāya svāhā, namo ratnatrayāya nama āryāvalokiteśvarāya svāhā, sidhyantu mantra-padāya svāhā.

②

南無 喝囉怛娜哆囉夜耶 南無 阿唎耶婆盧羯帝爍鉢囉耶 菩提薩埵婆耶 摩訶薩埵婆耶 摩訶迦盧尼迦耶 唵 薩皤囉罰曳數 怛囉拏迦囉野 怛寫銘 曩謨塞訖哩怛嚩 伊軨 啊哩也嚩路枳諦濕

嚩囉怛嚩顊 攞建妃曩麽 訖哩娜野 摩嚩粟路以瑟也弭 薩粟嚩囉他沙馱喃 輸伴 阿薺琰 薩粟嚩
步路南 婆嚩沬粟誐尾戍馱釼 怛儞也他 唵 阿路計 阿路迦摩底 路迦底羯嚾諦 醯醯 賀唎摩訶
冒地薩怛嚩 娑摩囉 娑摩囉 訖哩娜野 矩嚕 矩嚕 羯粟麽 娑達野 娑達野 度嚕 度嚕 尾闍演底 馱
囉 馱囉 馱嚩捺㗚 濕嚩囉 左攞 左攞 摩攞 尾摩攞 阿摩攞母嘌諦 曀醯 曳呬 路計濕嚩羅 囉誐
尾灑尾曩捨野 禰吠灑尾灑尾曩捨那 謨賀左攞尾灑尾曩捨耶 虎嚕 虎嚕 摩攞 虎嚕 賀唎 鉢娜麽
曩婆 娑囉 娑囉 悉哩 悉哩 蘇嚕 蘇嚕 沒地野 沒地野 冒馱耶 冒馱耶 昧怛哩耶顊 攞建妃 迦麽
寫 捺哩捨喃 鉢囉賀囉娜野摩諾 娑嚩賀 摩訶悉馱野 娑嚩賀 悉馱喻藝濕嚩囉野 娑嚩賀顊 攞
建妃野 娑嚩賀 嚩囉賀目佉僧賀目佉野 娑嚩賀 鉢娜麽賀娑路野 娑嚩賀 作羯囉欲馱野 娑嚩賀
商佉攝娜寗 冒達曩野 娑嚩賀 摩賀攞矩吒馱囉野 娑嚩賀 嚩麽娑建妃 儞捨悉體多訖哩瑟拏嚩
曩野 娑嚩賀 尾野伽囉拶嘌摩儞嚩娑曩野 娑嚩賀 曩謨 囉怛曩怛囉夜野 曩謨 阿哩也嚩路枳諦
濕嚩囉野 娑婆賀 悉殿都 漫哆羅跛馱耶　娑嚩賀

註：

①羅馬併音　②漢字音寫

參考資料：

- 種智院大學，《梵字大鑑》（1983），法藏館。

百字明咒

①

Oṃ vajra - sattva samaya mānupālaya vajra sattva - tvenopatiṣṭha dṛḍho me bhava sutoṣyo me bhava anurakto me bhava supoṣyo me bhava sarva siddhiṃ me prayaccha sarva karmasu ca me citta - śriyaḥ kuru hūṃ ha ha ha ha hoḥ bhagavaṃ sarva tathāgata vajra mā me muñca vajri bhava mahā- samaya sattva āḥ

②

唵嚩日羅二合薩怛嚩三摩耶麼努波引攞耶嚩日羅薩怛嚩怛尾怒波底瑟姹揑哩濁寐婆嚩蘇都使庾寐婆嚩阿努囉羯都寐婆嚩蘇布使庾寐婆嚩薩嚩悉朕寐鉢囉也車薩嚩羯摩素者寐質多室哩藥矩嚕吽呵呵呵呵斛引婆伽梵薩嚩怛他蘖多嚩日囉摩弭悶遮嚩日哩婆嚩摩訶三摩耶薩怛嚩噁引

註：

① 羅馬併音　② 漢字音寫

參考資料：

- 《大正新脩大藏經》，第18冊第865《金剛頂一切如來真實攝大乘現證大教王經》
- 《佛教小百科》

# 第八章

# 《大正新脩大藏經》

《大正新脩大藏經》，財團法人佛院教育基金會出版部編寫，收錄着漢譯的經典及中、日高僧的佛學著作。絕大部分的梵文是用悉曇體。而當中出現較多的是在「密教部」、「悉曇部」、「事彙部」及「圖像部」。

「密教部」是由第十八至二十一冊，第848《大毘盧遮那成佛神變加持經》開始至1420《龍樹五明論》。「悉曇部」是第八十四冊，第2701至2711經是空海、安然等日本僧人撰述的梵文相關研究，內容有不少悉曇梵字。「事彙部」是第五十三及五十四冊，內收錄了一些辭書性質的著作，如《悉曇字記》、《梵語雜名》、《梵語千字文》。「圖像部」共有十二冊，當中把密教的種種法門，作圖像、咒、字輪觀、種子字等處理，當中也出現不少悉曇梵字。

現節錄部分曾在本書中引用的經書或著作。

No. 2132

悉曇字記 南天竺般若菩提悉曇

大唐山陰沙門智廣撰

悉曇天竺文字也。西域記云，梵王所製。原始垂則四十七言。寓物合成隨事轉用。流演支派其源浸廣。因地隨人微有改變。而中天竺特爲詳正。邊裔殊俗兼習訛文。語其大較本源莫異。斯梗概也。頃嘗誦陀羅尼。訪求音旨多所差舛。會南天竺沙門般若菩提。齎陀羅尼梵挾。自南海而謁五臺寓于山房。因從受焉。與唐書舊翻兼詳中天音韻。不無差反。考覈源濫。所歸悉曇。梵僧自云。少字學於先師般若瞿沙。聲明文轍將盡微致。南天祖承摩醯首羅之文。此其是也。而中天兼以龍宮之文。有與南天少異。而綱骨必同。健馱羅國憙多迦文獨將尤異。而字之由皆悉曇也。因請其所出研審翻註。即其杼軸科以成章。音雖少殊文軌斯在。効絕域之典弗尚詭異。以其言唐書召梵語髣髴而已。豈若觀其本文哉。俾學者不逾信宿而懸通梵音。字餘七千功少用要。懿夫聖人利物之智也。總持一文理含衆德其在茲乎。雖未具觀彼史諸之流別。而內經運用固亦備矣。然五天之音或若楚夏矣。中土學者方審詳正。竊書簡牘以記遺文 古謂之梵書曰胡文者。案西域記。其閻浮地之南五天之境。梵人居焉。地周九萬餘里。三垂大海北背雪山。時無輪王膺運。中分七十餘國。其總曰五天竺。亦曰身毒。或云印度。有曰大夏是也。人遠承梵王。雖大分四姓。通謂之婆羅門國。佛現於其中。非胡土也。而雪山之北傍睹蕃戎。即胡人居焉。其字元製有異。良以境隣天竺文字參涉。所來經論咸依梵挾。而風俗則效習其文。粗有增損。自古求請佛經多。於彼獲之。魚魯淆訛直曰胡文謬也

其始曰悉曇。而韻有六。長短兩分字十有二。將冠下章之首。對聲呼而發韻。聲合韻而字生焉。即阿上聲短呼 阿平聲長呼等是也。其中有紇里二合等四文。悉曇有之非生字所用今略也。其次體文三十有五。通前悉曇四十七言明矣。聲之所發則牙齒舌喉脣等合于宮商。其文各五。遍口之聲文有十。此中囉曷力遐三合也 於生字不應遍諸章 諸章用之多屬第八及成當體重成不成字如後具論也 羅聲全闕生用。則初章通羅除之一 除羅字羅聲反 餘單章除之二 除嚩囉二字。即第二第三及第八第九第十章也。字非重成關於第一。故云餘單章也 重章除之三 重成也。即第四五六七及第十一已下四章也 異章句末爲他所用。兼下除之六 即第迦章等句末之第五字。然上四字所用。亦不可更自重故除之也 自除之餘。各遍能生。即迦佉等是也。生字之章一十有七。各生字殆將四百。則梵文彰焉。正章之外有孤合之文連字重成即字名也。有十一摩多。此猶點畫。兩箇半體兼合成文 阿阿等韻生字用十摩多。後字傍點名里釐紺沙尼此云去聲。非摩多。訖里章用一別摩多。里耶半體。用祇耶兼半體爲也

初章

將前三十四文。對阿阿等十二韻呼之。增以摩多。生字四百有八。即迦上迦平等是也。迦之聲下十有二文。並用迦爲字體。以阿阿等韻呼之增其摩多。合于聲韻各成形也。佉伽等聲下例之。以成于一章。次下十有四章。並用初章爲字體。各隨其所增。將阿阿等韻對所合聲字呼之。後增其摩多。遇嘗體兩字將合。則容之勿生。謂第四章中重重

1

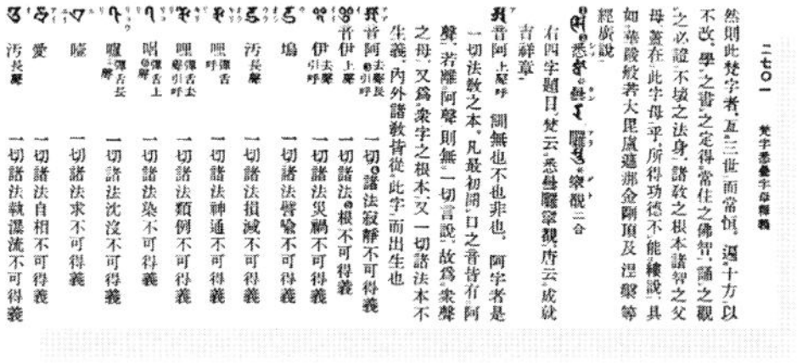

二七〇一 梵字悉曇字母釋義

然則此梵字者，亘三世而常恒，遍十方以不改。學之書之定得常住之佛智，誦之觀之必證不壞之法身。諸教之根本諸智之父母，蓋在此字母乎。所得功德不能練說，具如華嚴般若大毘盧遮那金剛頂及涅槃等經廣說。

悉曇囉窣覩二合

右四字題目梵云悉曇囉窣覩。唐云成就吉祥章。

阿 上聲呼 闕無也不也非也。阿字者是一切法教之本。凡最初開口之音皆有阿聲。若離阿聲則無一切言說。故爲衆聲之母。又爲衆字之根本。又一切諸法本不生義。內外諸教皆從此字而出生也

阿 去聲長引呼 一切諸法寂靜不可得義

伊 上聲 一切諸法根不可得義

伊 去聲引呼 一切諸法災禍不可得義

塢 一切諸法譬喻不可得義

污 長聲 一切諸法損減不可得義

哩 彈舌呼 一切諸法神通不可得義

哩 彈舌去聲引呼 一切諸法類例不可得義

呂 彈舌上聲 一切諸法染不可得義

嚧 彈舌長聲 一切諸法沈沒不可得義

曀 一切諸法求不可得義

愛 一切諸法自相不可得義

污 長聲 一切諸法執諜流不可得義

2

1《大正新脩大藏經》，「事彙部」，第54冊第2132經，《悉曇字記》

2《大正新脩大藏經》，「悉曇部」，第84冊第2701經，《梵字悉曇字母并釋義》

3《大正新脩大藏經》，「事彙部」，第54冊第2125經，《南海寄歸內法傳》

4《大正新脩大藏經》，「密教部」，第18冊第880經，《瑜伽金剛頂經釋字母品一卷》

二一二五 南海寄歸內法傳卷第四

歎受教攝群生耳。時戒日王極好文筆，乃下令曰：諸君但有好詩讚者，明日旦朝咸將示朕。及其總集得五百夾，展而閱之，多是社得迦摩羅矣，方知讚詠之中，斯爲美極。南海諸島有十餘國，無問法俗，咸皆諷誦。如前詩讚，而東夏未曾譯出。又戒日王取乘雲菩薩以身代龍之事，緝爲歌詠，奏諸絃管，令人作樂，舞之蹈之，流布於代。又東印度月官大士，作毘輸安呾囉太子歌，詞人皆舞詠遍五天矣。舊云蘇達拏太子者是也。又尊者馬鳴，亦造歌詞及莊嚴論，并作佛本行詩，大本若譯有十餘卷，意述如來始自王宮終乎雙樹一代佛法，並緝爲詩。五天南海無不諷誦。意明字少而攝義能多，復令讀者心悅忘倦。又復纂持聖教，能生福利。共一百五十讚，及龍樹菩薩書，並別錄寄歸，樂讚詠者時當誦習。

三十三尊敬乖式

夫禮敬之儀，教有明則，自可六時策念，四體翹勤，端居一房，乞食爲業。順頭陀之行，修知足之道，但著三衣，不畜盈長，無生致想，有果全祛，豈得輒異僧儀，別行軌式，披出家服，不同常類，而在鄽肆之中，禮諸俗流，撿尋律教，全遮此事。佛言：有二種應禮，所謂三寶及大己苾芻。又有齋持尊像在大道中，塵坌舉容，以求財利。或有夠身剃髮斷節穿肌，詐託好心，本希活命。如斯之色，西國全無，勸導諸人，勿復行此

三十四西方學法

夫大聖一音，則貫三千而總攝；或隨機五道，乃彰七九而弘濟。時有意言法藏，天帝頌無設之經，或復順訶讀詮，支那悟本聲之字，致使投緣發慧，各稱處心，頓漸義除，煩並疑圓寂，至於勝義論理，迴絕名言，覆俗道中，非無文句。……但云初七，非不知也，無益不論，今望總習梵文，無勞翻譯之重，爲此聊題節段，粗述初基者歟。梵云攝拖苾馱，攝拖是聲，苾馱是明，即五明論之一明也。五天俗書，總名毘何羯喇拏，大數有五，同神州之五經也。一則創學悉談章，亦名悉地羅窣覩，斯乃小學標章之稱，俱以成就吉祥爲目，本有四十九字，共相乘轉，成一十八章，總有一萬餘字，合三百餘頌，凡言一頌，乃有四句，一句八字，總成三十二言，更有小頌大頌，不可具述。六歲童子學之，六月方了，斯乃相傳是大自在天之所說也。二謂蘇呾囉，即是一切聲明之根本經也，譯爲略詮意明，略詮要義，有一千頌，是古博學鴻儒波尼儞所造也，爲大自在天之所加被，面現三目，時人方信。八歲童子八月誦了。三謂馱覩章，有一千頌，專明字元，功如上經矣。四謂三棄攞章，是荒梗之義，意比田夫創開疇畎，應云三荒章。一名頞瑟吒馱覩（頌一千），二名文荼（頌一千），三名鄔拏地（頌一千）。馱覩者，則意明七例，曉十羅聲，述二九之韻。言七例者，一切聲上皆悉有之，一一聲中各分三種，謂一言二言多言，總成二十一言也。如喚男子，一人名補嚕灑，兩人名補嚕灑，三人名補嚕沙。此中聲有呼噏重輕之別，於七例外更有呼召聲，便成八例。初句既三，餘皆準此。恐繁不錄，名蘇盤多聲（總有三八二十四聲）。十羅聲者，有十種羅字，顯一聲時便明三世之異。二九韻者，明上中下聲有彼此之別，言有十八不同，名丁岸哆聲也。文荼則合成字體，且如樹之一目，梵云苾力叉，便引二十餘句經文，共相雜糅，方成一事之號也。鄔拏地則大同斯例，而以廣略不等爲異。此三荒章，十歲童子三年勤學方解其義。五謂苾栗底蘇呾囉，即是前蘇呾囉釋也，上古作釋，其類寔多，於中妙者有十八千頌，演其經本，詳談衆義，盡寰中之規矩，極天人之軌則，十五童子五歲方解。神州之人若向西方求學問者，要須知此方可習餘，如其不然，空自勞矣。斯等諸書並須暗誦，此據上人爲准，中下之流以意可測。懃勤晝夜，不遑寧寢，同孔父之三絕，等歲精之百遍，牛毛千數，麟角唯一。比功與神州上明經相似，此是學士闍耶昳底所造，其人乃器量弘深，文彩秀發，一聞

二二八

3

瑜伽金剛頂經釋字母品一卷

開府儀同三司特進試鴻臚卿肅國公食邑三千戶賜紫贈司空謚大鑒正號大廣智大興善寺三藏沙門不空奉　詔譯

阿上字門一切法本不生故
阿引去字門一切法寂靜故
伊上字門一切法根不可得故
伊引去字門一切法災禍不可得故
塢字門一切法譬喻不可得故
汚引字門一切法損減不可得故
哩字門一切法神通不可得故
哩引字門一切法類例不可得故
唱字門一切法染不可得故
嚧字門一切法沈沒不可得故
曀字門一切法求不可得故
愛字門一切法自在不可得故
汚字門一切法瀑流不可得故
奧字門一切法化生不可得故
暗字門一切法邊際不可得故
惡字門一切法遠離不可得故
迦上字門一切法離作業故
佉上字門一切法等虛空不可得故
誐上字門一切法行不可得故
伽去引字門一切法一合不可得故
仰鼻呼字門一切法支分不可得故
左字門一切法離一切遷變故
磋上字門一切法影像不可得故
惹字門一切法生不可得故
酇去字門一切法戰敵不可得故
穰上字門一切法智不可得故
吒上字門一切法慢不可得故
咤上字門一切法長養不可得故
拏上字門一切法怨敵不可得故
荼去字門一切法執持不可得故
拏尼爽反鼻呼字門一切法諍不可得故
多上字門一切法如如不可得故
他上字門一切法住處不可得故
娜字門一切法施不可得故
馱去字門一切法法界不可得故
曩字門一切法名不可得故
跛字門一切法第一義諦不可得故
頗字門一切法不堅如聚沫故
麼字門一切法縛不可得故
婆去重字門一切法有不可得故
莽字門一切法吾我不可得故
野字門一切法乘不可得故
囉字門一切法離諸塵染故
邏字門一切法相不可得故
嚩字門一切法語言道斷故
捨字門一切法本性寂故
灑字門一切法性鈍故
娑上字門一切法一切諦不可得故
賀字門一切法因不可得故
乞灑二合字門一切法盡不可得故

瑜伽金剛頂經釋字母品一卷

4

# 參考資料

# 參考資料


- 種智院大學，《梵字大鑑》（1983），法藏館。
- 德山暉純，《梵字の書き方》（1985），木耳社。
- 児玉義隆，《梵字必攜》（1991），朱鷺書房。
- 靜慈圓，《梵字悉曇》（1997），朱鷺書房。
- 児玉義隆，《梵字でみる密教》，大法輪閣。
- 三井奝円，《やさしい梵字仏》，知道出版。
- 林光明、林怡馨編著，《梵字悉曇入門》，嘉豐出版社。
- 《梵書朴筆手鑑》（1709）。
- 饒宗頤編集，《悉曇經傳》，新文豐出版公司。
- 德山暉純著、李琳華編譯，《梵字圖說》，常春樹書坊。
- 小峰智行，《梵字字典》，東京堂出版。

倶利伽羅・不動明王

作者簡介：

陳漢全(玄朔阿闍梨)，為本港首屈一指的專業攝影師及藝術創作者。其攝影作品在香港、亞太區及國際比賽中獲取多項殊榮及獎項。數年前皈依「中國真言宗光明流」徹鴻金剛上師。在修密法的同時，接觸到這些特別形態的符號「悉曇文字」，深深地被它吸引著。

從他的專業範疇，加上運用不同的創作技巧，展現出「另類」的「種子字」藝術作品。其中金剛界和胎藏界種子字《曼荼羅》曾在不同的展覽會展出，甚為矚目。

為推廣「種子字」及與世界各地的「種子字」愛好者聯繫，他建立了「真言•悉曇」Facebook 和 Instagram，與大家在線上分享不同的資訊和作品。

已出版的著作有：
《梵字•悉曇》
《悉曇•字韻》

真言•悉曇


梵字•悉曇 增修版

出版日期：二〇二三年三月第一次印刷

作者　：　陳漢全(玄朔)
編輯　：　陳慧玲
出版者：　資本文化有限公司
香港中環康樂廣場1號怡和大廈33樓3318室
(852) 2850 7799
info@capital-culture.com
www.capital-culture.com




ISBN 978-988-75034-3-9
Published in Hong Kong

資本文化
Capital Culture
www.capital-culture.com